宮本算数教室主宰
宮本哲也
教育ジャーナリスト
おおたとしまさ
いもいも主宰
井本陽久

子どもが自ら考えだす

引き算の子育て

子どもが自ら考えだす「引き算の子育て」に必要なのは、

「子どもの□□□□を□□□□□る」

……たったそれだけ。

第2章 ダメでいい、ダメがいい……40

第3章 成功ではなく、成長を考える……62

第3部 やらなくていいことQ&A

終章

序章

引き算の子育てとは？

二人のカリスマ教育者がたどりついた結論

子どもはかわいい。かわいいから、あれもこれもしてあげたくなっちゃう。抗いがたい親の性《さが》です。

そうはいっても昔は、やってあげられることが限られていたはずです。昔といったって、物と情報が溢《あふ》れるようになる前までの、割と最近のことです。もっといろいろ与えてあげたいし、もっといろいろやってあげたい。親からしてみれば、常にちょっと足りないくらいの状況で子どもは育ちました。さぞかしもどかしかったでしょうねぇ。

でもいま、物も情報も溢れています。お金と時間さえあれば、あれもこれもやろうと思ったらできちゃうから、どこまでやるのか、何をするのか、悩みます。〝より良い子育て〟の洪水です。昔の親も大変でしたが、いまの親も大変です。

あらゆる選択肢を並べて、比較検討して、そのなかからベストを選んであげなければならない——。親としての責任の重さに、押しつぶされそうになっている親御さんをときどき見かけます。その気持ち、よくわかります。私も一応親ですから。

でも、「そんなに難しく考えることないよ」と笑う二人のベテラン教育者がここにいます。最初に言っておきますが、二人とも変人です。

一人は、宮本哲也《みやもとてつや》さん。中学受験塾SAPIX《サピックス》横浜校開校時の教室長で、一九九三年に宮本算数教室を立ち上げました。無試験先着順の入塾なのに、最難関中学にバンバン入るという評判がクチコミで広まります。でも、カリキュラムも教室所在地も非公開。謎に包まれた算数教室としてMBS系のドキュメンタリー番組「情熱大陸」でも取り上げられ、大反響がありました。

もう一人は、「イモニイ」こと井本陽久《いもとはるひさ》さん。もともとは神奈川の私立中高一貫校・栄光学園の数学教師です。東大に何十人も送り込む超進学校にいながら、大学受験度外視のユニークな授業を展開し、国際数学オリンピック上位入賞者などをバンバン輩出します。全国から授業見学の依頼が絶えず、NHKのドキュメンタリー番組「プロフェッショナル仕事の流儀」でも密着取材されました。二〇一六年からは私塾「いもいも」を主宰しています。

一見ふたりは対照的です。中学受験を結節点にして、片や生徒を送り込む側、片や生徒を受け入れる側です。宮本さんの授業は完全な静寂に包まれています。一方、井本さんの授業はいつも爆笑に包まれています。宮本算数教室は宮本さんが一人で取り仕切ります。いもいもは、個性豊かなキャラが集まってわいわいがやがややっています。

ですが、ふたりの教育観は完全に一致しています。「こういう問題を夢中で解いてくれる子どもたちに入学してほしい」という想いを込めて井本さんがつくった癖のある入試問題を、パターン学習で攻略するのではなくて、純粋に楽しいと感じながら夢中になって解ける子どもたちを宮本さんが育てているのですから、ふたりの想いがかみ合うのは、考えてみれば当然です。だから、ふたりには共通の教え子がたくさんいます。

そんなふたりが、たくさんの子どもたちや親子関係を見て、より良い教育を目指して試行錯誤した結果たどりついたのは、手出し口出しをしなければしないほど子どもは伸びるという結論でした。

親が先回りしてやることなんて何もない

二人のカリスマ教育者に共通する教育観を端的に表現すれば、「余計なことはしない」。

子どもには自ら育とうとする力と人生を切り拓く才能が備わっており、それが開花するのをにこにこしながら見ていてあげればそれだけでいいということです。そのシンプルなかかわりが、その子にとっての最善を引き出す最も良い方法だというのです。

「教えない授業」と称されることもありますが、「教えない」をモットーにしているわけではなく、ただ必要最低限のことだけをしていたら自然にそうなったということです。

念のため補足しておきますと、これはへそ曲がりなふたりだけが唱えている極論ではありません。モンテッソーリやシュタイナーなど偉大な教育者たちも口をそろえることですし、脳科学的にも発達心理学的にも行動遺伝学的にもたしからしいとされていることです。

どんなに〝より良い子育て〟の選択肢が多くても、答えは子ども自身が知っています。いくらググってもＣｈａｔＧＰＴに尋ねてみても、答えなんて見つかりません。答えは子どものなかにあります。

人生は選択の連続ですが、選べるのはどうせ毎回一つです。いくら親が選択肢をたくさんそろえても、そんなことおかまいなしに「これがいい」と子ども自身が選びます。親からしてみると「えっ、それでいいの？」って思うこともありますが、それがいいんです。

人間だからときどき選択を間違えちゃうこともありますけど、常に自分に正直に生きていれば、一生のうちで無限にあるであろう選択をトータルで積み重ねれば、最終的にその集合は必ずその子らしいところにたどりつくようにできています。

「いやいや、親が情報を与えてあげなきゃ子どもがたとえば科学に興味をもったり、芸術に興味をもったり、外国に興味をもったりはしないでしょ」と思うかもしれません。でもそれすら思い込みです。親が入手できるような情報は、子どもだっていずれ入手します。必要なときに必要なものと出会えます。それがご縁です。親が先回りしてやることなんて何もないとふたりは言います。

時代の変化なんて恐れてもしょうがない

「時代の変化はいままでになく激しいのだから、子育てや教育も変わるべき。子どもに任せていたら変化に対応できない」という意見もあるかもしれません。

ですが前提として、どんなに時代の変化が激しかろうと、人間の本質は変わりません。だから約一〇〇〇年前に書かれた『源氏物語』を読んでも感動するし、約二五〇〇年前に書かれた『論語』を読んでも教訓を得られるのです。

育ち方も変わりません。胎内で子どもは、魚類や虫類のような形状を経て、生命の進化の歴史をたどります。有名なヘッケルの法則です。おぎゃーとこの世に生まれ出てからは、人類の進化の歴史をたどります。

乳幼児期は原始人です。木に登って（樹上生活の名残り）、枝を振り回し（道具の使用）、石を砕いて（石器づくり）、泥を練って（土器づくり）、火遊び（火の使用）します。言葉は未発達ですが、歌ったり踊ったりが大好きです。

小学校に入るくらいで古代人になります。言葉が達者になり、文字や数字も覚え、「なんで空は青いの？」「赤ちゃんはどこから来るの？」といろんな疑問を抱きます。たくさんの「なんで？」をこの時期にため込んでおくことが大切です。

思春期以降は中世・近代人です。古代人時代にため込んだ「なんで？」を、論理や科学の力で解き明かしていきます。お互いの自由を守るための社会のあり方も学んでいきます。中世・近代の科学者や哲学者の思考の追体験です。

原始人の段階をいい加減にしたら、立派な古代人になれません。古代人の段階をすっ飛ばしたら、中身のない中世・近代人になってしまいます。中世・近代人の時代をコスパやタイパ（費用対効果や時間対効果）優先ですごしたら、ろくな現代人になりません。それぞれの時代にしかできないことをたっぷりやらせてあげてください。

なのに、そこの順番を間違えてしまいがちなのが、情報過多な現代の子育てなのです。

偉いひとたちが「時代の変化」というときに変わっているのは現代人以降の部分です。そこでは最新の社会のしくみを知り、そこで糧を得るのに必要なスキルを身につけなければばなりません。でも変化が激しいんですから、いまの子どもたちが大人になるころにどんな社会が待っていて、どんなスキルが必要になるかなんて、誰もわかりません。だから備えようもありません。

それなのに、当たるかどうかもわからない未来を予測して「あれもしたほうがいい」「これもしておいたほうがいい」と、やることをどんどん増やしていくのが「足し算の子育て」です。古代人や中世・近代人の時代にそんな現代人の促成栽培みたいなことをさせていたら、まともな現代人になれません。

現代人になったときに「何が必要かを自分で判断して、それを得るためにはどうしたらいいかを自分で考えて、それを実行できるひと」になっていればいいのです。

そうなる力をもともと子どもたちはもっています。だから人類は、たびかさなる気候変動や天変地異も生き延びてきたのです。私たち大人だってそういう力をもっています。だって、私たち親世代が子どものころにはインターネットなんてありませんでしたし、もちろんスマホやAIもありませんでした。それでもなんとかやってるじゃないですか。自分たちにできたのだから、子どもたちにできないわけがない。

子育てアドバイスや学習メソッドを仕分け

本書は三部構成になっています。

第一部は、ふたりの痛快な対談です。世の中の子育ての常識をバッサバッサと一刀両断します。聞いていて、腹がよじれるほど面白かったです。

第二部は、ふたりの授業の実況中継です。極限まで無駄をそぎ落としたふたりの授業は、まさに引き算の賜物です。第二部には、ふたりの共通の教え子へのインタビューもありますが、ちょっと意外な展開だと思います。

第三部は、私も含めた鼎談《ていだん》形式で、親御さんたちからの実際のお悩み相談にお答えします。一般的な子育てQ&Aとはだいぶ違うテイストで、読みながらわが身に重ねて、「アイタタ」と感じることも多いかもしれません。

そういう私（おおたとしまさ）は、しがない物書きです。幼児教育から中学受験、名門校、不登校、教育格差、教育虐待まで、さまざまなテーマで教育の現場を取材し、これまで八〇冊以上の本を書きました。非常勤講師として、二年間だけ私立小学校で教えていたこともありますが、もうだいぶ昔のことです。

たまたま縁あって、何年も前から宮本さんとも井本さんとも親しくさせてもらっています。ふたりの教育観から大きな影響を受けています。僭越《せんえつ》ながら本書では、ときにふたりに同調しつつ、ときに読者の代弁者となり、ファシリテーター的役割を担いますので、よろしくお願いします。

現場を一歩引いたところから見ている教育ジャーナリストの立場からしても、子育てや教育について知れば知るほど、むしろ、親ってほんと無力なんだなという結論に近づいていきます。

考えてみれば当然です。子育てにおける親の役割は、子どもにとっての自分の必要性を日々減らしていって、最後には「あなたなんて、いらないよー」と子どもに言ってもらえる状態にすることなんですから。これを私は「子育ての逆説」と呼んでいます。

いや、子どもたちが自由に遊べる公園を守ったり、子どもたちに大切な恵みを与えてくれる森や川や海を守ったり、家庭の経済状況にかかわらず学びたいだけ学べる社会をつくったりということは間違いなく私たち大人の責任です。

でも、直接子どもたちをいじっても、いいことってほとんどない。幼児教育の専門家に聞いても、中学受験塾の講師に聞いても、名門校の先生たちに聞いても、不登校支援の関係者に聞いても、子どもシェルターの職員に聞いても、やっぱりそこに行き着くのです。

善意の子育てアドバイスは世に溢れています。でも選択肢の多さに迷うこと自体が現代の子育てのストレスの原因の一つです。〝より良い子育て〟の洪水のなかで必要なのは、「これをするといいよ」「あれをするといいよ」という「足し算」の情報ではなく、「これもいらない」「あれもいらない」と仕分けする「引き算」の発想です。

そこで本書では宮本さんと井本さんに、子育てにまつわる「余計なこと」を徹底的に仕分けしてもらいました。結論を先に述べてしまえば、巷に溢れる子育てアドバイスや学習メソッドのほとんどが仕分けの対象となりました。でもこれだけはそぎ落とせないというところがあります。

子どものありのままをおもしろがる。

それだけできれば、子どもは自分の頭で勝手に考え始めるとふたりは断言します。では、「ありのまま」とは、「おもしろがる」とは、具体的にどういうことか。それを少しずつ明らかにしていきたいと思います。

第1部

引けるところが見えてくる

第1章

家畜になるな、野人であれ

本当に賢い子と小賢しいだけの子の違い

宮本　最近気づいたんですけど、人生というのは二通りのコースしかない。一つは、「野人コース」、もう一つは「家畜コース」です。何も考えずに流されるようにしてると、どんどんどんどん人間は家畜化していくんです。私もそういう部分がちょっとあったんですけど、子どもである部分をガチッと残しました。自分で教室を立ち上げてから、どんどん自分の心が浄化されて、「野人度」が高まっていくのがわかった。

生まれたときはみんな野人じゃないですか。うちの三歳四カ月の娘はどこにも預けてないんで九五％ぐらい野人です。

でもこの前三歳児健診に行ったら、うちの子よりもうわてが何人かいて、びっくりしました。うちの娘は病院の診察ではものすごくいい子になるんです。で、必死に観察してます。じーって。聴覚検査がうまくできなかったんで、精密検査に来なさいって言われて、診察室に入ったとたんにぎゅーって固まって、先生に何を聞かれても「わんわん、わんわん」しか答えなくて、「反応が面白いな」と思って見てました。私、子どもになんにも期待していない。何も押しつけていないんです。野人のまま大きくなってくれたらいいかなと。

最近、私の教室の小学一年生の子が、学校でものすごく精密なロボットの絵を描いたんです。びっくりするほど緻密です。それを見た学校の先生が何を言ったか。「鉛筆で絵を描いてはいけません。鉛筆は文字を書くためのものです。絵はクレヨンで描きなさい」。そんな話を聞いたら昔の私なら腹を立てたと思うんですが、いまの私はその先生を気の毒に思います。仕事つまらないんだろうな。でもこういうひとを「先生」と呼びたくないですね。「家畜の見張り番」とでも呼べばいいんじゃないでしょうかね。

小中学校はほとんどもう家畜コースしかないんで、そこに順応しきってしまうと、家畜になってしまう。『天才たちは学校がきらいだった』(講談社)という本を最近読みました。要は、野人っていうのは、子どもです。家畜っていうのは、大人です。慌てて大人にならなくていい。大人になりきってはいけない。

この本に出てくる天才たちも、子どものころは、本当に無力なちっちゃい子どもだった。放っておいたら社会の善意の大人たちに簡単に潰《つぶ》されてしまう。でも親が全力でかばった。だからこういう業績を残すことができたんです。お母さん、お父さんの役割、めちゃくちゃ大きいです。

いま、個人面談をやっています。年に二回あります。いままですごく調子が良かったのに、ちょっと調子が落ちかけてる二年生がいたので、この野人と家畜の話をしたんです。そしたらお母さんが「心当たりがあります」と。

子どもがやりたいことをやりたいようにやってるんだったら、もう絶対邪魔しちゃいけない。そういうときはどんどん先取りしても構わないんです。ただ、こうすると先生に褒めてもらえる、こうすると親が喜ぶ、それを行動の基準にしてしまうと、自分が何なのかわからなくなる。どんどん家畜化していくんです。

小学一年生の時点で、まわりに計算が速い子がいて、ぜんぜんかなわなくて、うちの子はすでに勉強が苦手になっているという相談がありました。できる子たちが自慢をすると。自分はこんなにできるぞと。でも、その子たちは「本当に賢い子」じゃないんですよ。「賢い」。それには、みんな憧れるんですけれども、賢くない親が賢い子をつくろうとしても「小賢《こざか》しい」人間にしかなりません。いままで賢い子を何人も見てきましたけど、みんな謙虚です。俺こんなすごいんだぜって子なんか一人もいないんですよ。

だから小賢しくなった時点で家畜化完了です。この子たちは絶対に大成しません。ひとに先んじようとして何かをさせても、絶対にしあわせにはなりません。なので、同じような問題を反復させるような学習塾でどんなに先取りしたってしあわせにはなりません。

うちの生徒のお母さんにも数学が苦手っていうひとはたくさんいるんですけど、どこで苦手になるかっていうと、二次方程式の解の公式を丸暗記した時点で、もう破綻します。

連立方程式まではまだ頭の中でわかる。数字をそろえて文字を減らす。でも、二次方程式の解の公式「ax2乗プラス、bxプラス、c、イコール、ゼロ。aノットイコール、ゼロ。xイコール、2a分の、マイナスb、プラスマイナス、ルート、bの2乗、マイナス、4ac」。「何それ?」って思いましたよね。私も思いました。でも多くの場合、数学の先生は乱暴にも、「いいから覚えなさい。これさえ覚えればどんな二次方程式もスラスラ解けるから」って。

解けますけど、それだけじゃないですか。これを暗記で乗りきると、高校で出てくる新しいものをぜんぶ暗記で乗りきろうとして破綻する。というのが、最近の私の感じてることなんですけど、井本さんいかがでしょうか?

子どもは大人から評価されたい

井本　いや本当そうですよ。僕がまさに野人っていうか、もうちょっときちんと言うと、超問題児だったんですね。学校中みんなから知られてる問題児っているじゃないですか。僕がまさにそうで。

上履き入れってありましたよね。なんかこうきゅって紐が付いて、布製の。小学校の初日にですね、やっぱぐるぐる回しますよね。ぐるぐる回すと、なんかバーンってやりたくなるじゃないですか。目の前にいた女の子にバーンってやっちゃったんですよ。もう初日から母親といっしょに謝りに行くっていう。

ぜんぜん悪気とかじゃないんですよ、そういうのって。なんかもう衝動と興味とあとエネルギーが僕たぶん、めちゃめちゃ溢れちゃってる子だったんで、とにかくやらかしまくりだったんですけど、でもそういうの、何も言われなかったんですよ、親に。謝りに行くのはしょっちゅうだったんですけど、親からはまったく怒られなかったんですよね。

それと、小学一年生のときのテストのことをものすごくよく覚えているんです。強く印象に残ってるってことは、たぶんすごくいまの自分に大きな影響を与えたってことなんだろうと思います。たしか同じ日に出された問題なんですけど、二問、覚えてて。

まずですね、信号機の色は何色ですかっていうのが出たんですよ。赤青黄色じゃないですか。僕は赤青黄色と書いて、「いや、でもあれ青じゃないな」って。「あれ緑だな」と思って、緑って書き直したんですよ。当然バツなんですよね。あとね、一週間は何日ですか。

「月火水木金土日で七だ」。七って書いて。「あれ？　でも、月火水木金土日月で一周だよな」。それで八って書いてバツ。

要はね、青が正解だし、七が正解だってのはわかるじゃないですか。だけど僕はこう思うって書いてバツ。だからある意味、学校の先生からすると、めちゃめちゃ厄介なやつだと思うんです。

僕はバツされてもぜんぜん気にならなかったんだけど、でもなんかこれって、正解が青かどうかってどうでもよくないですか。むしろ、「君はどう考えたの？」って。「緑ってのはそういうことか」。「八って何これ？」って。「そういうことね」っていうやりとりのなかにしか意味はないんですよね。

ほかの子はぜんぜん別のとらえ方をするかもしれないし、それぞれに意味があるはずで、それらを共有するだけでいいっていうか。小さいころから、そういうことのほうが大事だという感覚はすごくもってたんだと思うんですよね。

もう一つ覚えてるのは、作文です。学校の作文で、自由に書きなさいだったのかなあ、なんか書いてたんですよ。そしたら隣の前川くんってやつが、教卓に行って、二枚目の原稿用紙を持ってきたんですよ。

悔しいじゃないですか。僕はもう争うようにして、五枚書いたんですよ。でも書くことがないから、ぜんぶつくり話を書いたんです。その作文を家に持って帰るじゃないですか。母親が見ました。ちょうどその何日かあとに親戚の集まりがあって、母親が親戚に「これ見て!」って。「これ、陽久が書いたんだけど、ぜんぶ嘘《うそ》なの!」って言って、うれしそうに親戚に渡すんです。親戚ももうゲラゲラ笑って。僕はなんかもうめちゃめちゃうれしいじゃないですか。

普通、「嘘ついちゃいけない」って言うところだと思うんですけど、嘘を書いてもこんなに喜んでもらえるんだみたいな味をしめたっていう。確実にいまの僕の授業につながっていると思うんですよね。別に嘘つきってことじゃないですけど(笑)。

何が正解かはどうでもいいっていうか、大人になって仕事したときに間違えちゃいけないっていうのはあるかもしれないけど、子どもに間違えちゃいけないことなんてないじゃないですか。正解かどうかよりも、プロセスの部分に子どもたちの躍動や、あるいは一人一人のオリジナリティーみたいなものがあって、学びってそういうものだなっていうふうにすごく思います。

ある意味大人は、よかれと思って、ちゃんと正解させなきゃいけないって思う。で、正解させるってことは要は、自分の思うような考え方をさせないことが大事じゃないですか。だって自分の考え方でやるってのは、僕の小一のテストのときみたいに失敗するってことなので。

子どもって大人から評価されたいから、正解できたら評価されるんだったら、正解しようと思います。そのためには下手に自分の思うようにやらないほうがいいっていうのがわかるから、そうすると、自分の思うようにはやらないっていう方向に自ら進んでいきます。そうやってまさに家畜になっていくんですよね。

これって、だから本当に大人次第っていうところがあって、特に子どもに向き合ってる親と、あとやっぱり学校の教員ですよね。宮本さんがいまおっしゃってることが、いまの教育のあらゆる問題の根底にあるのかなって思いますね。

野人をいじっちゃいけません

宮本　いじらないってことです。めっちゃめちゃな子どもをいままで何人も見てきました。いちばん強烈だったやつがどれぐらいめちゃくちゃだったかっていう話をします。
まだ私が二〇代で授業が未熟で、TAP《タップ》という塾の熱血講師だったころ、怖い先生で通《とお》ってたんです。大声でバンバンバンバンバン黒板叩《たた》きながらこうやる。そのスタイルでみんなちゃんと聞いてくれたんだけど、そいつだけ野次《やじ》を。「先生、字、間違ってる！」「汚い！」

とか。「うるさい！」と注意しても黙らないし、殴りに行こうとすると、走って逃げるんですよ。六年生の教室の中をぐるぐると。「先生が追いかけて来る！　怖いよ〜！」って言いながら。でも実際にはぜんぜん怖がってないんですよ。

遊ばれてるんです。もうこいつを静かにさせないと授業ができない。だからなんとかして捕まえました。だけどその場でボコボコにすると善良な生徒が怯えるから、人気《ひとけ》のない裏階段に連れて行って、「このやろう、バカやろう」って叱ってたんです。それでその日はおとなしいんですけど、翌週また同じことをやるんですよ。

個人面談があって、「先生、うちの子、授業でとんでもないことやってんじゃないですか」ってお母さんが言うから。「そうですよ。どうしてわかったんですか」。「先生の授業から帰ってくるといつもクスクスと思い出し笑いをしています」。

うれしかったんです。あんまり大人からきちんと構ってもらったことがないけど、私には構ってもらえていると。しかも、なんだろうな。授業を妨害することだけは否定されるけど、あとはいっさい否定されない。

で、お母さんが「先生どうしましょう？」って。こういう子が収まるところは麻布《あざぶ》中学しかないと昔から相場が決まってます。ええ。「でも、そんなとこ受かるわけないじゃないですか、先生。滑り止めはどうすればいいんですか」。「麻布が引き取ってくれなければ、悪いことする前に、練馬鑑別所に入れましょう」。「そうですか……」。お父さん、お母さん、お兄さん、みんなまともなんですけど、こいつだけめちゃめちゃだったんですよ。

その後TAPが分裂してSAPIXができました。その情報は上のクラスにしか伝達されなかったんですけど、この子は上にお兄ちゃんがいたからそのつながりで情報を知って、SAPIXに移籍しました。SAPIXにはTAPの成績上位三分の一しかいないんで、こいつが学年で最下位でした。

その後、私はTAPをやめて一人でやってたんで、この子とはいちど関係が切れたんですけど、一一月にお母さんから電話がかかってきました。

「麻布は無理だから駒東《こまとう》（駒場東邦《こまばとうほう》）・慶應《けいおう》コースに変えましょうってSAPIXの先生の言うとおりにしたら、ますますやる気がなくなったと言って、ますます勉強しなくなりました。どうしたらいいでしょう」。「お母さんいいですか。落ちてもいいから、麻布を受けさせなさい。麻布を受けさせなければ間違いなくぐれて、間違いなく一家離散で、間違いなく練馬鑑別所です」。「わかりました。何があっても受けさせます」。

二月五日から私は身辺が騒々しくなることがわかってたんで、一人でフィジーに一三泊一四日逃亡しました。帰ってきたら留守電が三五件入ってて、五件目がこいつだったんですよ。「麻布くり上がりで合格しました！」。「えー！」。偏差値二八ですよ。学年最下位。

だいぶ経って、こいつから横浜の教室に一回電話がかかってきました。「どうしてんの？」。「二浪して千葉大の法学部に入りました」。「おまえどう考えても法律に取り締まられる側の人間になる予定だったろ」（笑）。「法律の抜け穴でも探してんのか」。「違います。麻布に入って、限界を感じました」って言うんです。自分がおかしいってことにある意味での自負心をもってたんですけど、麻布に入ったら上には上がいっぱいいて、かなわないと。「しょうがない、勉強しよう」って、勉強して、二浪して、千葉大の法学部に入りました。

その何年後だろうな、私がもうマンハッタンに移住したあとでメールが来ました。「先生お元気ですか。僕がいましあわせに生きてるのはぜんぶ先生のおかげだって気づきました。先生に僕の家族を会わせたいです。先生どこに住んでるんですか」。「マンハッタンです」って書いたんですよ。「家族みんなで行きます」。「いや、夏休みに中野で授業するからそっちに来てくれればいいよ」。奥様と子ども二人、連れてきてくれました。本当にめちゃくちゃな子どもで、ありとあらゆる大人がいじろうとしました。いじろうとしなかったのは私だけです。

うちの教室にはそんな子どもがほかにも山ほどいましたが、私は決していじらなかった。いま、彼らの子どもたちが七人もうちの教室に通ってくれています。七人のうちの一人はやはり同じぐらい破天荒な子で、小六のときにお母さんに向かって二語しか発しない。一つは「はい、さようなら」。もう一つは「死ね」。めちゃくちゃなんですけど、このお母さんも絶対子どもはいじらないようにしようって思ってくれてました。

いじろうとする親もたくさんいるんですけど、私はいつも宣言します。「これはこういう生き物です。あきらめなさい。絶対いじっちゃいけません」。なので、うちの教室では、野人には野人のまま伸びていって卒業してもらっています。

生き生きしないでいられない子どもたち

井本　子どもってやっぱり大人に認められたいし、小さければ小さいほど、大人に見放されることに対する恐怖ってすごく大きいんですよね。だから大人から言われると、本当の自分の自然な感情を押し込めてしまって、ないものにするっていうね。自分でもそうじゃないって思うようにするみたいなところが、子どもにはあります。でも結局、それがすごいストレスで、ずっと心の奥底に溜まっていっているはずなんです。だからたぶん、いま学校に行って、いわゆる先生の言うことをよく聞く優等生みたいな子も、結構苦しみを抱えてるんですよね。

いま僕、いもいもで、平日の昼間に不登校の子たちの教室もやってるんですけども、彼らはある意味で、そこから逃げてきた子なんですよね。ぜんぜん弱い子とかじゃないです。それはもう本当に誤解で。むしろ、「自分のままでいないでいることができない子」って感じですね。本当、「生き生きしないでいられない子」で、その子たちが逃げてくる。「学校、行かない！」って。小学生とかで、学校行かないって決断できるのって、すごいと思いませんか？　めっちゃ怖いはずですよね。

子どもなんて勝手に育つのに、でもなんでいじりたくなるか。こういうふうになったほうがいいとか、あるいは勉強ができるようになってほしいとかって、親の中にどこか当たり前のことのようにビジョンが浮かんだときに、子どもがそれとは違うことに前のめりになって夢中になっていると、心配になるっていう、それだけじゃないですか。

だいたいそこから不安になって、不安になると、ひとって行動しやすい。でもだいたい不安から行動することってまずうまくいかないんで。たぶんそこらへんから悪循環が始まるのかなって思います。

大人ができること、特に親ができることって、やっぱり子どもの人生の縁を、ちゃんと受け止めるってことなんだと思います。親が子どもと向き合ったときに、たぶんほとんど自分の思い通りじゃないと思うんですよ。そこをちゃんと子どもの人生として受け入れることができるかっていうその一点かなって。

大人の意図から自由にさせたいなら、自然に任せてみるといいですね。コロナが流行った時期に、平日の昼を使って「森の教室」を始めました。なんか天邪鬼《あまのじゃく》なんで。一日自然の中ですごすだけなんですけど。そしたら、不登校の子が意外にも結構来て、クチコミでまた広まって、もうなんか一日だけじゃ足りなくなって、いまもう月曜日と木曜日（現在は水曜日も）やってるんですけど、そこで見てたらやっぱ子どもって、自然と相性がいいんですよね。

子どもっていろんな敏感さをもってるじゃないですか。僕もずっと学校の教員をやってたんですけど、学校って子どもからしたらなんかもう均質な空間でしかないんですよ。だけど、その空間が苦手って子がいるんです。たとえばそれが聴覚だったり触覚だったり、嗅覚だったり。子どもってそこから逃げられないじゃないですか。教室にいなきゃいけないから。そのうち慣れるよって思うかもしれないんですけど、ある部分で敏感な子がそこから逃げられないでずっとその部分をさらされてると、炎症しているところを触られるともっと炎症がひどくなるみたいに、もっと敏感になって、もっと苦しくなります。

でも森の中は多様だから、自分のいまの敏感さでいちばん心地いいところでちゃんと遊ぶんですよ、子どもって。あと、いもいもの森の教室ではまったくノースケジュールなんで、「集合！」もないです。「何かやるよ！」もないんで。初めて来た子でよくあるのが、「先生いつ始まるんですか？」みたいな。「いや、もう始まってるよ」みたいな。だから一人で遊びたい子、みんなで遊びたい子、ぜんぶ選べるんですよ。

過敏になっていた部分を刺激しないで放っておくと不思議なことに、その敏感だった部分がこんどは鈍感になるんですね。たとえば水がダメだった子が、いきなり川に入ってバーっと遊ぶとか。あるいはずっと一人だった子がいきなりみんなの輪に加わるとか。自然をフィールドにしたときにはそれができる。しかもお金がかからないっていう。

子どもにはやっぱりそれぞれその子なりの敏感さがあるので、野人のまま育てるって意味では、野山に放つっていうのがいちばん自然じゃないかなと思ってやってますね。

将来どうなるかなんてどうでもいい

宮本　ただただすごいな。本当に何もしないんですね。子どもといっしょに水遊びしてるだけで。でもそれで子どもが生き生きするんだったら、そっから何かが始まるはずだし、それで子どもを本来の子どもの姿に戻してあげれば、自分で自分の将来を考えるはずです。レールを敷かれて、「この上を走ることがあなたの人生よ」って言われたら、絶対そこから飛び降りたくなるじゃないですか。でも何もないところに放っておかれれば、必ず自分のなかから何かが湧いてきます。そのタイミングまで待つしかないんです。

井本　自然の中で一日のびのびとすごしているというと、誰もが「いいですね！」と絶賛してくれます。でもしばらくあとには「で、そのあとその子たちはどんなふうになるんですか？」と「成果」を尋ねられます。

それでいうと、小学一年生から森の教室でたっぷり体験して、五年生くらいから受験勉強に切り替えたら、たぶんめっちゃ伸びると思いますよ。花まる学習会の高濱正伸《たかはままさのぶ》さんとも「たぶんそうだよね」って話はよくするんですけど。

でも僕はそんなところにはまったく関心がないです。つまり、将来どうなるかっていうのはまわりが心配することじゃないっていうことですね。将来こういうふうになれたという事例を聞いたから安心するっていうのは意味がないっていうか、むしろそれが子どもを苦しめると思います。

たとえばいちばんわかりやすく、不登校の子たちのことを話します。つらいときって見たくないんですよ。向き合いたくないんです。だからほら、子ども自身が自分のことをよくわかんないっていうときあるじゃないですか。学校行かない。「どうして？」。「いやわからない」。それなぜかっていうと、まだそこに向き合うだけの余裕がないんですよ。

彼らも、いまたとえば森の教室に来て、自分を取り戻す。自然の中で、自分のありのままを受け入れてもらえる経験をする。要するに自分なりのあり方ができるようになります。そうすると、例外なく、自分の問題に向き合うようになります。自分なりの一歩を踏み出すってことですね。

その一歩が向かう方向は、必ずしも大人がこうあってほしいなと思う方向じゃないかもしれない。でもそんなのはどうでもよくて、大事なのは自分から向き合うことです。だから、僕たちができることは、彼らがありのままでいられる状況をつくること。そこで見せてくれたありのままの姿を受け入れて、その子がどんな方向に一歩を踏み出そうと、それをおもしろがって見守ることです。

そのときに自然っていうのはキーワードとして大きいなというふうに感じているということですね。それは間違いないですね。考えてみたら人間って、DNAでいうとね、まだ狩猟採集民族のDNAなんですよ。コンクリートジャングルみたいな都市で生活するってことは、DNA的にはものすごく不自然なことなわけですね。都会の生活って、自然の中に自ら動物園をつくって、その檻の中に入って、鍵は開いてるのに出ないみたいな状況だと思うんですね。

いきなり社会への適応を押しつけるんじゃなくて、自然と都会とを、うまくバランス良くすごさせてあげるってのはそれ自体に、子どもにとってすごく意味があると思いますね。将来のためとかそういう視点じゃなくて。

だから将来どうなるかなんてことはどうでもいいです。それはまわりの大人が心配することじゃなくて、その子のものってことですね。

第2章

ダメでいい、ダメがいい

子どもを信用できないのは自分を信用していないから

宮本　子どもの自己肯定感が低くなるのは、勉強やスポーツがうまくできないからではありません。親が子どもを肯定しないからです。特にいっしょにすごす時間がいちばん長い存在——多くの場合は母親でしょうか——に否定されると子どもはものすごく凹《へこ》みます。傷つきます。

私が小学三年生から四年生ぐらいだったと思うんですけれども、手乗りのインコを飼ってました。警戒心がまるでなくて、横になってると体の下に潜り込んでくるんですよ。あるとき私は、インコがいることに気づかずに寝返りを打ってしまって、死なせてしまいました。私が凍りついてるのを見て、母が気づいて、どういうふうな態度をとったか。

このときに母親が、「あんた何してんの！　死んでしもたやないか。かわいそうになぁ」っていうふうにインコの側に立って悲しんでいたら、すでに自責の念に駆られていた私はたぶん耐えられなかったと思います。母は私の横に来て、いっしょに泣いてくれました。涙が枯れるまで泣いて……。いま思い出すだけで泣けます。いっしょに泣いてくれて、気持ちが落ち着いたところで、「埋めに行こか」と声をかけられ、いっしょに埋め、「もう二度としません」と両手を合わせてインコにお詫《わ》びをしました。このときは母に助けてもらいました。

あともう一つ、すごくうれしかったのが、高校を中退したときのことです。自分で勉強すると決めて一人で勉強したんですけど、飽きちゃって。飽きるんですよね。学校さぼってると気持ちいいんですけど、こっから先、予定がずっと真っ白なんですから、どうしていいかわからない。

母親がいるところで、ぽつりと「パチンコしたいな」って言ったんですよ。普通どうしますか。「あんた、何言うてんの！　勉強するって学校やめたんちゃうんか。あほなこと言わんとき」ですよね。怒られるんだろうなと思って、覚悟してたんですけど、母は満面の笑みを浮かべて「行っといで」と、二〇〇〇円くれました。

それでそのときは簡単に負けました。昔のパチンコは指で一発ずつ弾くもので、釘師が釘で調整していました。これなら絶対に勝てる方法があるはずだと、図書館でパチンコ必勝法を借りて読んで。それからちょくちょくちょくちょく打ちに行って、ほとんど負けませんでした。自分のなかで決めてました。二〇〇円負けたら帰る。この箱いっぱい取ったらもう両替して帰る。だいたい、二〇〇〇円、三〇〇〇円勝ってました。三回に一回ぐらい負けましたけど、負けても二〇〇円なんです。

これもあの、普通の親ならそんなものに没頭して勉強しなくなったらどうしようと心配すると思いますが、うちの母はぜんぜん思わないです。私の母はいま九五歳で健在なんですけど、不思議なことに、「私がおなかを痛めて産んだ子が間違いなんかするわけあらへん」って本気で思ってるんですよ。なので、何をしても自由でした。高校をやめて、パチンコを打ってくるわ、ちょっと映画見てくるわとか、好き勝手動き回ってました。

ただ自分のなかではめちゃくちゃ不安でした。絶対に二〇歳までには家を出るつもりでいたから、それまでに本当にこんな勉強の仕方で大学に入れるのか。もう不安で不安でしょうがなかったです。でも何も口出しされなかったから、無駄なエネルギーを使わなくてすんだ。すごくうれしかったです。お父さん、お母さんありがとうございます！

親の不安をどんどんどんさかのぼっていくと、自分を信用してないから子どもを信用できないっていうだけのことで、だったら信用できる自分になってくださいとしか言いようがないです。

一人でなんとかしようとしないほうがいい

井本　子育てで不安を感じるかたってたくさんいて、しかもたぶんほとんどのひとが、不安になること自体がなんか違うんだっていうことをわかっていらっしゃると思うんですよ。でも実際は、不安から動いてまたやっちゃったみたいな、そういう後悔のくり返しがあると思うんですよね。

この時代に子育てする親にとってきついなと思うのが、「こうしたほうがいい」とかっていう情報がもう一気に横並びでぶわーっと伝わってくるじゃないですか。だからたぶん、二〇年前や三〇年前の親御さんたちよりも、何倍ものアドバイスや情報や脅しに触れてしまってると思うんですよ。そういうのをいちど聞いちゃったら、そうじゃないわが子を見ているのは怖くなっちゃうんですよね。そうすると、意味がないってわかってても、コントロールしてでもね、変えようと思っちゃう。

でもね、先の備えとしていま子どもに何をやらせるべきかって発想している時点で、いまを生きるってこととまったく違いますよね。なんかそれってもう現代病というか、集団不安だと思うんですね。僕それに対しては、こうやったらうまくいくなんてぜんぜんないんだけど、やっぱりコミュニティだと思うんですよ。

これもいいもで学んだことですけど、たとえば不登校の子のお母さんは、いきなり子どもが学校に行かなくなった時点で、同じ学校のまわりのお母さんたちとその不安を共有できないわけです。同情はされても、本当には理解してくれない、たった一人になってしまいます。

だけどいいもやって意味があったなと思うのは、不登校の子が集まることによって、こんど、不登校の子のお母さん同士がつながるじゃないですか。そこではみんな似たような不安をもっていて、その不安をもち続けていたらそのこと自体が子どもをダメにしちゃう、子どもを追い込んじゃうって、みんなわかってます。

そういうお母さんたちが集まって、そこで初めていろんな不安を吐露できる。あるいは、ある意味ベテランの、不登校の先輩お母さんがいるじゃないですか、「三人不登校よ」みたいな。そういうお母さんの存在に触れられるだけでちょっと楽になるっていう。

めちゃめちゃわかりますね、この不安。だけど、一人でなんとかしようとしないほうがいい。なんかそういうふうに思います。もう自分ではどうすることもできないっていう状況なら、ぜひ、いもいもに来てください。そこにいるだけで、特に子どもに何かをしなくても、気づけば自然に状況が変わっていきますから。

檜原村《ひのはらむら》の奥でときどき、大人も参加できる森の教室を開催しています。あの環境がひとの気持ちを開放的にさせるんだと思いますけれど、子どもたちが遊んでいるかたわらで、大人たちは自分の不安を吐露しはじめます。毎回来てくださってるかたもいて、お母さん同士がお互い癒やされ合ってるっていうようなところがありますよね。すごく必要なことだと思います。

宮本　いやあそこでビール飲んだらうまいんだろうなっていつも見てるんですけど、どうやって行っていいのか、どうやって帰っていいのか、わからなくなりそうなんですよ。

一発でゲームを嫌いにさせる方法

宮本　塾の講師をやって四〇年経ちますけれども、四〇年前の子どももいまの子どもも何も変わりません。問題が面白ければ没頭します。

いまの子どもはゲーム漬けだとかいうひともいます。でも、いままで深刻なゲーム中毒の子ども二人をなおしたことがあります。簡単なんです。「勉強しなさい。ゲームやめなさい」を逆にする。「勉強やんなくていいよ。ゲームしないの？　まだしないの？　まだそこやってんの？　下手くそだな」。一日で嫌になったって子が二人いました。

ただし、これは親がやらないと効果がないと思います。親は勉強嫌いをつくるの、得意じゃないですか。だったらたぶん、ゲーム嫌いをつくるのも得意だと思いますよ。そういう意味でもまず親が変わらないと子どもはよくならないです。

くり返しますが、子どもの代わりに心配をしないこと。自分の心配をしなさい。本当にこのままでいいんですかって自問自答してほしいです。

井本 ゲームとかスマホはちょっと難しいですよね。なぜかっていうと、その依存度がどのくらいかによってぜんぜん違うから。

本当に依存症っていわれるぐらいのレベルなら、本人の意志ではもうどうすることもできないです。ただ、これはもうほとんど家庭の中のことなので、我々が立ち入るってなかなか難しいんですよ、ここって。だから僕は、やっぱり保護者のかたたちといっしょに学んでいく場をつくれたらいいなと思っています。

たぶんその保護者にもいろいろ事情はあると思うんですよ。ゲームを与えることになった理由みたいなものが。いけないなと思ってても何か事情があるので、それを叩いてもしょうがないっていうか。叩かれれば叩かれるほど、むしろそこから目をそらしちゃうと思うので。これが解決方法だっていうのを知るってよりも、保護者自身が深く学んで、自分でそのときどきに応じたかかわり方を考えられるようになる場をつくるってことのほうがいいかなと思ってますね。

親は自分の不安と向き合ってくださいと宮本さんが言いましたが、一人だと結構つらいから、一人で向き合うんじゃなくて、みんなで支え合いながら向き合えばいいんです。自分が無防備でいられる場所ってのは大人にこそ必要だと思っています。鎌倉市からの委託を受けて大人を対象にした対話の場の提供も行っています。ありのままの自分を知るっていうことをテーマにした事業を行政の地域共生の枠組みの中でやっているようなものなんですけど、それをもうちょっと積極的にやっていこうかなっていうふうに思ってます。

不登校より名門校の親のほうが不安な理由

井本　不登校の子たちの教室で、お母さんたちとお話しすると、みんなもうだいぶ肝の据わったお母さんになっていて、本当、それは素晴らしい。子どもが不登校になってくれたおかげで、たぶん自分と向き合えたっていうことだと思うんです。
でも、それでもやっぱり勉強のこと、心配じゃないですか、この先ね。「この子がキラキラしてればいいけど、ちょっと心配ですね」みたいに。そのお母さんたちが「栄光学園の子たちはいいですね。お母さんたち、心配なんてなくて」って言うんですけど、でもそれはぜんぜん違いますね。むしろ不登校の子の親御さんよりも、もっとわが子のことを心配してます。つまり、いちどもつまずいちゃうと、こんどは手放すのが怖くなっちゃうんですよ。

栄光学園の子どもたちなんて勉強に関しては化け物みたいですよ。だって、教えればすぐ理解しちゃうわけだから。それでも心配なんですよ。定期テストで平均以下とかあったら、もうもう本当に落ち着かないぐらい心配しちゃうみたいな。そういう相談は多いですよね。

若いころは僕もフィーリングで教員をやっていました。高校三年間をもち上がりでもったとき、高三のときの彼らの勉強の仕方にショックを受けたんです。例題の解法を頭に入れて、それと似たような問題をそのやり方を使って根拠も何もなく解く。で、その子たちがどんどん東大に入るっていう。いやこれまずいんじゃないかと思って。

この高三を卒業させたのが二八歳のときで、ちょうど次が中一担当だったので、そのタイミングで思い切って、授業を根本的に変えようと強く決意したんです。これからは「できる・できない」でも「理解している・していない」でもなく、「いま自分で考えているかどうか」だけに焦点を当てる。ふりかえってみると、ここが本当の意味での僕の「授業人生」のスタートで、この信念だけはいまなお、僕の授業のど真ん中にあります。

僕は別に教えない授業をやろうって思ったわけじゃないんですけど、自然にそういう形になった。そんな授業をしてると若いうちはだいぶ心配されて保護者からいろいろ言われちゃったこともありますけど、だけど、ほとんどのかたは理解してくれました。子どもが家に帰って、僕の授業の話をして、しかもすごくうれしそうに話してるっていうことで、すごく信頼してくれました。

その経験を通して、ある程度の成績をとっていなければダメなんじゃないかとか、ある程度いい大学に行かなきゃいけないいんじゃないかっていう価値観からいちばん逃れたいと思ってるのは、実はお父さんやお母さんなんだなって思うようになりました。そういう視点で見ると、不安に思ってる保護者を見てもこっちも動揺しないし、ましてや頭に来たりもしないし。なんかそういうふうに思えるようになりましたね。

自分のままでいられれば学びは始まる

宮本　「教えない＝邪魔しない」。子どもたちが自分の意思で自分の頭の中を整えてるんです。邪魔しちゃいけません。私も井本さんと同様に、そこにたどりつきました。

家でうまく勉強ができない子はどうすればいいかっていう相談もよくありますけど、うちの現在小五のトップ、めっちゃ優秀です。この子も家ではぐうたらぐうたらで何もしません。通ってる塾は週一回のうちの教室だけで、あとは山ほど本を読むんで学力は高いんです。

ただ自分でやろうとしないんで、お母さんが「お母さんと勝負しようか」ってもちかけると乗ってくるんですよ。お母さん、全力でやって負ける。これがいちばんいい勉強の仕方です。ぜひやってみてください。

考えることに熱中できる子どもに共通するのは、親に汚されてないということです。

井本　よくほら、自発的に勉強するにはどうしたらいいですかみたいな質問を受けるんですけど、自発性のない子なんかいないんですよね。子どもなんて本来、何も言わなくたって勝手にやり出しちゃうみたいな存在です。

ただ、やっぱりたとえば家庭だったり、あるいは学校だったり、その場によると思うんですけど、子どもって親に沿おうとか、大人に沿おうとするので、それが転じて、自分のままでいちゃいけないみたいに自分を縛ってしまうんですね。家畜じゃないけれど、自分から飼い慣らされる方向に行っちゃうんですよ。そうなっちゃうと、自分から進んで何かやるとかってできなくなりますよね。自発性が機能しなくなっちゃう。

だけど、その子が夢中でやってることとか、あるいはその子どもがどっかで無防備になってポロッと自分を出した瞬間を見逃さないで、そこをパッてちゃんと拾ってあげて、反応を返してあげるっていうことをくり返してれば、子どもってあっという間にもとの自分の姿になれます。変わったんじゃないんですよ。いままで覆っていた殻をパッと脱いで、ありのままでいられるようになるってことです。学びってそこからしか始まらないと僕は思ってますね。

だから、自発的に学ぶにはどうしたらいいかっていう質問って、問いの立て方自体がちょっと違ってて、単純に自分のままでいられれば勝手に学びは始まる。学びってのはもともと自発的なものだということですね。

教えないと学び方がわかんないなんてことはありません。だってそもそも赤ん坊ってね、誰も教えてないのにハイハイして、歩けるようになるじゃないですか。学ぶ力なんてもともとあるってことですよね。逆に、たとえば正しい二足歩行の方法をスモールステップでちゃんと教えようとしたら、もちろんそんな実験は倫理的に絶対できないんですけど、もしそういうことをやったとしたら、歩けない子がたくさん育つと思いますね。僕はそれ、結構確信してます。

宮本　絵を描くのでも、スポーツでも、音楽でも、時間を忘れるほどに夢中になれるものがある子どもは、もうとことんやってください。勉強なんかしなくてもいいです。器用貧乏がいちばん気の毒です。何をしていいかわからない。

昔、授業中漫画ばっかり描いてたやつがいました。二〇〇六年の四月一七日の「NHKニュースウォッチ9」に私が出てるのを見つけて、メールをくれたんですよ。「おまえ、漫画ばっかかり描いてたけど漫画家になれたの？」って聞いてみたら、「いや、能力がなくてなれませんでした」と。でも、作家になって、すごい賞をとってました。

だからこれはもう、親が邪魔しなかったんですよ。「あの漫画は何だったの？」って聞いたら、小学校の同級生にその子の連載漫画のファンがいて、その同級生に読ませるための漫画を、塾の授業中に描いていたんだと。でもいいんです、それで。

将来を心配して生きるのはもったいない

井本　たとえば絵を描くことに夢中になれるなら、それだけでもうぜんぜんいいと思いますね。それが学校の勉強の熱中に変わっていくかどうかはわかんないですけど、絵を描くっていうところでめちゃめちゃ試行錯誤してると思うんすよね。まさに学びの本質ですよね。そう、だから、なんの心配もない。成績良くなる保証もないし、将来、収入が高くなるとかそんなことは保証できないですけど、でもそれでいいじゃないですかっていう感じですかね。

栄光学園を中学で卒業した生徒で、天才がいます。ちょっとまえに「僕のしょうもない人生を紹介します」ってブログでバズったひとです。半年間だけ藝大（東京藝術大学）生だったんですけど、彼がつくるものがもう本当にすごくて。

彼なんか、超天才で、その才能でいくらでもお金を稼げるはずなんですけど、彼はそんなことには興味がない。お金を稼ぐことに興味があるならやればいいと思いますけど、そうじゃないひとは世の中にたくさんいます。そういうひとたちに、自分の好きなことよりもお金もうけをさせるって、もったいないですよね。

彼はちょっと、家庭でいろいろあったんで、ぜひあのブログを読んでみるといいと思います。いわゆる路上生活をしたりとか、いろいろあるんですけど、絶対に自分の生き方の本質だけは外さないんですよ。

僕はよく「ダメでいい、ダメがいい」って言ってますけど、どういう意味かっていったら、まわりがダメって思ってることでも実はそれこそがもう自分のめちゃめちゃ特長だったりするってことですよね。

僕なんかまさにそうでしたけど、子どもって、何かやらかして怒られたりしても、つまり世の中的にはダメだと言われることでも、実はすごくおもしろいことだってことをわかってたりしますよね。大人になればなるほど、つまり社会的存在として賢くなれば賢くなるほど、「これはダメなこと」「これはいいこと」って価値観に縛られていくじゃないですか。社会的存在として縛られれば縛られるほど、野人じゃなくなる。生きる力がどんどん引っこ抜かれるっていうことだと思うんですよね。

ある意味、大人ってめっちゃ縛られてるんですけど、そこで言う「ダメ」って「本当にダメなの？」みたいなことですよね。だから、「ダメでいい、ダメがいい」って、子どもにわざわざ言いませんよ。大人が自分を縛っている「ダメ」とか「いい」とかの基準を疑ってほしくて言ってます。

外の評価軸は外の評価軸。でも自分は自分。そういうスタンスを貫けることが生きる力だと思うんですよね。生きる力って、何かの手持ちを増やすってことではまったくない。むしろいまある手持ちでなんとかする、そういうたくましさのことをいうんじゃないかなと思いますね。

いま不登校で、いもいもに来ている子が、中学を卒業したあとにどういう進路を選んでいくのかは、率直に言えば、わからないです。「どうなるかわかりません」って言うと、なんかすごく無責任なように感じるかもしれないんですけど、僕からすると、この先の進路を考えさせて「いまこうしときましょう」みたいに言うほうがよっぽど無責任だと思うんですね。

あの、みなさんね、たとえば子どものころに、将来こうなりたいって思った通りの人生を歩んでるひとなんか誰もいないんですよね。つまり先のことなんて、どうやって考えたってわからないし、あるいはいまこうしたら将来こうなるって言って当たったひとはほぼいないわけです。ほぼいない。だいたい人生のなかにハプニングが起こって、でもふりかえってみるとそのハプニングが自分のいま、いまここにいたるまでの道をつくってきてくれたっていう感じだと思うんですよ。

僕がなんでいまいもいもをやってるかっていったら、まさに「いま、ここ」に集中してきた結果です。先のことなんてわかんないですね。先への備えでいま何しようって生き方をすると、どんなに順調にいってても、「その先」に来るまで不安をずっともつんです。つまりずっと鬱《うつ》の状態でいくってことですね。栄光学園のあれだけ賢い子たちのお母さんがそれでも不安だっていうのはそういうことです。うまく「その先」にたどりつけたとしたらどうなるかっていったら、またさらに先。生き方がそういう生き方になるんですね。

もちろん学校行かなくてもぜんぜん平気だよって声もあるけど。それさえ僕はわかんない。どうでもいいですね。そうじゃなくて、いまの君っていうのが僕にとってはめちゃめちゃ面白くて、「おまえ、こんなこと考えてんだ」って、僕はその子に自分の興味をペタペタ貼ってやる。僕がやれることはそれだけ。

不登校にいたるまでいろいろあったとしても、だからなんなんですかね。「いままでいろんなことがあった人生だったかもしれないけど、その人生も面白いね」くらいな感じであって別に同情もしない。ぜんぜんOKじゃんって。僕は、その子の過去もいまも、もうぜんぜんOKじゃんって心から思えるような人間になりたいって思ってます。

みんなからそうやってもらえたら、一般的に豊かだとか、成功だとか、しあわせって世間が言うような人生になるかどうかなんてわからないけれども、たとえば貧乏でね、本当に食うのも大変な人生をもしかしたら送るかもしれないけど、でもたぶんその子たちって、死ぬとき笑ってると僕は思うんですよね。

要するにどんな人生を送りたいかじゃなくて、結果的に自分が生きてきた人生を自分でちゃんと引き受けて、ちゃんとそこに意味づけをできるっていう。それができるような子どもになってればいいんじゃないかなと思ってやってます。だから、将来のことは考えないようにしてますね。

何が無気力な子どもを変えたのか?

宮本　高校を中退した私だから胸張って言います。学校なんか行かなくったっていいんですよ。こういう心配は子どもが自分でしなければ意味がない。親が先回りして心配すると、子どもにとってはそれが他人事になってしまう。そういう子どもが昔いました。

横浜に教室があったころ、小三の初日からずっといるんですけど、何もしない。本当に授業中何もしない子がいたんですよ。そのころの私はそういう子どもを見たくなかったんで、保護者面談のたびにぼろくそにけなし続けて、「もう無駄に席ふさぐのやめなさい。一三〇人待ってるんです」と迫ってました。退塾勧告ですね。

でも、子どもは絶対にやめない。なんでやめないのかわからなかったんです。もう本当にやめない。三年生から六年生の四年間で年二回ずつ面談です。このお母さんが偉いのは、私にぼろくそに言われるのがわかっているのに、一回も面談をさぼらなかった。八回目の面談が六年生の一一月で、もうこの時点でこの子がやめても欠員待ちをくり上げることはないので、「最後までいてください。もう悪口もつきました」と、とうとう私が降参しました。

で、この子に初めて変化が訪れたのは、小六の一二月二四日でした。「おっ！　今日、この子が自分で考えてる姿を初めて見た」。次の授業が元日で、やっと目覚めた。「でも間に合わないなあ」。私はそう思ってました。「もう一年早ければなあ」。その後、一月一〇日ぐらいに函館ラ・サールを受けて、一回落ちたんですけど、くり上がって受かったんです。

お母さんからメールが来て、「結果的に函館に行くことになってもいいから、二月一日は武蔵、二日は慶應湘南を受けたいと本人が言ってます。どうしましょう」って言うから、「好きなとこ好きなだけ受けて、好きなだけ落ちて、函館行けばいいじゃん」って思って賛同しました。

一日、武蔵は順当に落ちて、二日の慶應湘南の一次の発表が四日にあって、親と子の両方から別々に電話がかかってきたんですよ。「先生、慶應に合格しました！」。「受かってねえよ、まだ二次があるだろう」。そもそも一次発表で電話かけてくる親子なんかいないんですよ。どうせ二次は無理だけど、いい思い出になったなって、思ってました。

二次の発表が七日で、「先生、補欠の七番でした」と連絡がありました。そんなのくり上がるのかなと思ってましたが、締め切り直後にくり上がりました。SAPIXのCクラス、一二クラスあるうちの下から三番目、偏差値が四二ぐらいしかなかった。

で、ずっと、なんでかなって不思議だったんです。なんでこの子はやめなかったのかなって。子どもって、自分を伸ばしてくれる大人を見抜く本能をもっているということなんです。この教室にいれば自分が良くなるはずだと。何もしてないんですけど、うちの教室は好きでほとんど休まなかった。そこにいるだけで、目と耳から情報が入るから、それが最後につながったのかなって。

入試が終わって、親子三人で挨拶に来てくれました。「お母さん、一二月二四日に何があったんですか？」と聞きました。「先生、気づいてたんですか？」。「当たり前じゃないですか」。「私が初めて子どもを見放したんです。もうあんたなんか勉強しなくていいわよ！って」。そしたら子どもは、「そろそろやろうかな」ってなったわけです。

この子は親が会社を経営してて、跡取りなんですよ。お母さんは「私がちゃんとさせなきゃ、この子をちゃんとした人間にしないと」とずっと気を張っていた。私はずっと「無駄だからやめなさい。これはこういう生き物ですから」と言っていました。親があきらめた瞬間、スイッチが入った。

この子はチョウチョが大好きで、小学生なのに日本蝶類学会正会員でした。夏の自由研究でチョウチョの論文を書いて、それが文部科学大臣賞を取ったんですよ。チョウチョだけ偏差値が八〇ぐらいあるんですけど、フナとか出るとできない。もう本当にものすごく狭い一点豪華主義の子でしたね。

だいぶあとになって、「蝶類学会どうしたの？」って聞いたら、「やめた」と。中学二年のときに、蝶類学会のいちばん偉いご老人に「ちょっといいかな？」って呼ばれて、「どうか私のあとを継いでくれ」って言われて一瞬にして嫌になってやめちゃいましたと。楽しくてやってたものも、義務感が発生した瞬間、嫌になる。そういうもんなんですよ。

だから子どもの代わりに親が心配しているあいだは、子どもは自分のこととしてとらえません。親が何かをやらせようと思っているあいだは、子どもはそっちに行かないです。子どもが勝手に楽しんでやってたことに義務感が発生した瞬間、嫌になります。こういうケースが別の子でもありました。

小三、小四、絶好調で、麻布、栄光学園行きそうだなって思ってた子が、五年になって急に何もしなくなったんです。最後まで盛り返すことなく、麻布落ち、栄光学園落ち、浅野落ち、偏差値的にはその下の学校に行きました。

入試が終わって、親子三人で挨拶に来てくれたので、ずっと疑問に思っていたことを聞いてみました。「五年になって急に考えなくなったのはどうして?」。「僕、パズルも算数も大好きだったんだけど、これってお母さんにやらされてるだけなんだって気づいた瞬間、嫌いになった」って。横で両親がぎょっとしてました。初めて知ったんです、そのときに。

そんなもんなんですよ。親だから子どものことを知り尽くしてるなんて絶対思っちゃだめですよ。ちゃんと子どもの顔を見て、目を見て、反応を見てください。そこだけに集中して、他人の言うことに耳を貸してはいけません。

井本 いや、本当そう思いますね。なんかちょっと似たような面白い話を思い出しました。栄光学園に入ったのはいいんだけど、もうぜんぜん成績も超悪い子が、放課後に職員室に入ってきて、先生たちとずっと話してて、一人の先生が「もう遅いからそろそろ帰れよ、おまえ」って言ったら、「そういえば今日、親帰ってくるの遅かったんだ。俺、帰って勉強しよう」って言ってました。そう。要するに、親がいるときに勉強するのは嫌なんですよ。親がそれを期待してるのを知ってるから。親がいないから「じゃ勉強しよう」みたいな。それは本当そうですね。特にもう中高生なんかそうでしょうね。

第3章

成功ではなく、成長を考える

うまくやろうとするな、ひたむきにやれ

宮本　算数の問題は四種類あります。易しくて面白い、易しくてつまらない、難しくて面白い、難しくてつまらない。世の中に存在する算数の問題の九〇%は易しくてつまらないジャンク問題です。こういうものを山ほど宿題として出すから子どもは算数が嫌いになります。

小賢《こざか》しい子はこういう問題を要領よくテキパキと正解することが得意です。でもそれは大したもんじゃないんです。必ず行き詰まります。なので、そういう子どもを見たら、やせ馬の先走りだな、気の毒だなっていうふうに思っていればいいんです。

算数が苦手な子に対して端的に言ってしまうと、うまくやろうとするな、ひたむきにやれってことです。算数は、書き出せばぜんぶ答えが出ます。「解き方」は「生き方」です。だから指図しちゃいけない。「こっちのほうが早く答えが出るよ!」。どうでもいいです。

うまくやろうとするな、ひたむきにやれ。

井本　本当にほっておくというか、やっぱり単純に、やってるところを見ればいいってだけ。彼らがやったものに対して、「ああ、そうなんだ」って言ってあげるっていうことですよね。僕の授業もぜんぶそうですけど、子どもたちがやってるものをちゃんと見る。正解かどうかなんてどうでもよくて、何をどう考えたのかってところをちゃんと見てあげて、「そういうふうに考えたんだね」ってしっかり把握するだけです。できる・できないはどうでもいい。

宮本　勉強の習慣化が大事だと多くのひとが言うけれど、習慣化を親が押しつけるとそれは家畜化するだけなんで、いいことは何もないです。ちゃんと子どもと向き合って、「何がしたいの？　これやる？」。いくつかの選択肢を並べてあげると子どもはやりやすいかも。「今日、これとこれどっちやる？」っていう感じで接してみてはいかがでしょうか。とにかく何か押しつけると自分の劣化コピーができるだけなんで、ダメなんです。

易しくて面白い問題を与えて、「できた！」。次、ちょっとハードル上げて、「できた！」。そうしているうちにだんだんだんこらえ性がついてくるかもしれません。とにかく見て、ときめく問題を解き続けてください。私の書籍がすでに二〇〇冊ぐらい出てます。大型書店に行けばたいてい手に入ります。手に入らないのは、「賢くなる算数」。これは各四八冊セットで基礎コースと応用コースがあって、学研のサイトからしか買えません。すべては趣味の問題です。興味がないものはやらなくていいです。算数の問題も見た瞬間ときめきを感じなければ解かなくていいです。ときめきを感じる問題だけに没頭してください。没頭したものしか得意にはなりません。算数が得意になる唯一の方法。「算数を心の底から愛する者だけが算数から愛される資格がある」。それだけです。

できる・できないはどうでもいい

井本　もうこれに尽きるんですけど、あのね、やっぱね、問題が解けるとか解けないって、入口でね。入口では「問題ができた！」「正解できた！」っていうのがモチベーションになることは当然あるんですけど、でもそれって弱いんですよ、すごく。

僕が授業でやってることって何かっていうと、基本的に生徒の解答をぜんぶ拾うんですね。僕のところに生徒が解いた答案がぜんぶ集まるようになってるんです。栄光学園は一学年に一八〇人くらいいますけど、僕ぜんぶの生徒の答案を集めてます。でもあの、幸い僕は結婚してないので、時間はたっぷりあるわけですね。だからぜんぶ細かく見ます。

特に誤答は素晴らしいですね。なぜかっていうと、子どもって一人一人みんな考えてるんですよ。なんでもない問題もいろんな考え方してて。もっというと脱線するんです。ぜんぜん問題と違うことをやる。で、そこに実はすごく意味がある。なぜなら、彼はそっちのほうに興味があるから導かれたわけですよね。そこを僕は拾うんです。なんでもない問題が、誰かがやったたった一つの誤答のおかげで名作になるってことがあるわけです。誤答の良さっていうのは何かっていうと、絶対合ってると思ってたのに間違ってるってことですよね。だからびっくりして自然とそこから試行錯誤が始まります。

自分がやってみてうまくいってるうちは、ひとは自分のやり方を見直さないんですよ。バブル景気がそうですよね。あのとき誰もが失敗するなんて思ってなかったわけです。でも失敗して初めて、「あれ、自分の中で思い込んでたことは何かな?」って、そっちに焦点がいくわけですよ。それがものすごく本質的なことで。本質的なことには、必ず子どもは食いつくんですね。だから、じっくり考えるのが苦手な子をこらえ性がない子とかっていいますけど、そういう子の中にも必ず自分なりのやり方だったり、脱線だったりっていうのがあるんですよ。そこを拾ってあげられると、もう子どもはどんどん行くんですね。

つまりだから、「子ども主体の勉強」ってなんかものすごく浅く言われることが多いから、僕はよくイライラしちゃうんだけど、そうじゃなくて、子どもはもう勉強してるよってことです。そこにちゃんとこっちが注目する。こっちがこうさせたいとか、こういうやり方させたいとか、こっちに興味もってほしいとか、大人が勝手に妄想するんじゃなくて、その子はいま何をどういうやり方でやっているのかを見ていてあげてほしいっていうことですよね。そうすると、もしその子に数学の縁があれば、もうブワーッてどこまでも行くと思いますね。

逆に潰すのは簡単です。その子どもが夢中になった方向が違うって言ってやればいい。子どもの試行錯誤に大人が手を出せば、簡単に潰れます。実際に世の中のいろんなところで、学校でも家庭でも、起こってることは、それなんですよね。

学校の先生がね、できる・できないの軸で考えるから親御さんたちも心配になるけど、僕ができる・できないはどうでもいいって言うのは、極端に言ったってわけじゃなくて、本当にどうでもいいんですよ。特に子どもにおいてね、子ども時代の学びっていうことからいえば、どうでもよくて、本当に。本来子どもはそんなものにとらわれてない。むしろ失敗することをめっちゃ喜ぶんですよ。

だって、たとえばね、檜原村の僕の家の近くに綺麗な淵があります。そこに天然のツルがこう垂れてるんですけど、それでみんなターザンって、淵の上を飛んでます。あれ、なんで楽しいかっていったら、落ちる可能性が高いからです。ドーンって淵に落ちる可能性が高いから。深さ二センチぐらいでしかも直径一〇センチの水溜まりみたいなところの上でターザンやろうと思わないじゃないすか。

だから、できる・できないなんて本当どうでもよくて、やってみたいという衝動をもてるかどうかです。子どもって、むしろ難しそうなものほどやろうと思うから、できる・できないとかにとらわれてませんよ。

もっと言うとね、たとえば数学が伸びる・伸びないとかっていうことでいうと、それこそ縁ですね。縁があれば伸びるし、縁がなければ伸びない。いやこれもね、こんなこと言ったら、元も子もないんですけど、これ本当なので。

縁っていうのはいろんな人生の縁ですね。数学が伸びない縁がいけないのかっていったらそんなことはなくて、「あそこで数学につまずいて理系に行けなかったおかげでいまの自分がある」みたいなのは人生にはいくらでもあるじゃないですか。子どもってそういうとらえ方がぜんぜんできるし、なんかもうそれでいいんじゃないかなっていうふうに思いますね。

数学が苦手な子どものメカニズム

宮本　私は数学では挫折しまくりました。第一志望は井本さんと同じ東大理科一類だったんですけど、まったく届かなかったです。それでもどうすれば数学が得意になるか。さっきの算数が得意になるのと同じで、心の底から数学を愛する者だけが数学から愛される資格があるということです。

それを自分ですごく実感したことがあります。Z会をずっとやってたんです。めちゃくちゃ難しくて、五時間かけてつくった数学の答案が〇点だったこともあります。本当にできなかったんですけど、ひたすらこう書き出して考えてっていうことをやってました。一〇日に一回来るんで、赤がいっぱい入るんですけど、そんなもん読んでる暇がないんですよ。次から次へと送らないと溜まっちゃうから。溜めるとアウトだなと思ったから、ひたすら来たものを解いて出す。いちども復習したことがないんです。

で、一年浪人したときに、もう二浪はやだなと。早稲田の文系は英語と国語が必修で、社会と数学が選択だから、じゃあ英数国で受けようと。いちど代ゼミの私立文系模試を受けたら、数学がめちゃめちゃ簡単で、平均点が高いのかなと思ったら三七点で、私は満点だったんで、数学の偏差値八二・八ついたんですよ。ひたむきにやれば力がつくんだと実感しました。だけど、早稲田の政経行く気はまったくなかったんで、いちども過去問見ずに、一九七九年二月二二日に一発目、早稲田の政経を受けて、数学まったくできなくて、「なんだこりゃ！」。落ちました。早稲田の一文は過去問を解いていて簡単なんで、本当に何回見直しても数学は満点でした。でも英語と国語で六〇％以上とるのが合格の条件だから、これはちょっと心配だなと思ってましたけど、受かってほっとしました。

なので、私は私立文系の早稲田の一文の数学は解けましたけど、国立理系の数学にはぜんぜん届きませんでした。ということで、どうすればもっと数学が得意になるかについては井本さんにお答えいただきたい。

井本　そうですね。これね、おそらく一般的には「得意」って、問題が解けるようになるってことだと思うんですよ。でも、実際にはそんなのどうでもいい。

たとえば僕の教え子で大学で数学の先生をやってるひとがいますけど、彼がいま数学を研究してて、何が大切だと思うかって聞いたとき、彼はずっと「うーん」って考えて、答えを言う前に「でも、あのあの……。受験勉強の問題が解ける解けないはまったく関係ないですね」って言ってから、また「うーん」って考えてました。最終的に彼が言ったのは、成果につながるかどうかわかんないことに対して、地道に潰していくみたいな、そういうことができるかどうかだっていうふうに言ってましたね。

何をもって数学が得意だとするのかってことにもよりますけど、みなさんがいうような、問題が解けるようになるっていうことだとすると、これ、ほとんどもう小さいころに学ぼうとせずして身についている土台なんだろうと思います。実際にものを動かさなくても、頭の中で、こうだったらこうなる、こうだったらこうなるって組み合わせて、こうなるだろうと予測できるってことです。問題で正解を導き出すってまさにそうじゃないすか。これを抽象化する力っていうこともできるし、論理思考ともいいますよね。

抽象化する力ってたとえばどういうことかっていうと、みなさんも小さいころからやってるんです。たとえば、りんごは二つ。みかんが三つあります。さあ合わせていくつですか。二＋三は五ってやるじゃないですか。これ、すでに抽象化してるんです。りんごかみかんかは関係ないし、どんな大きさや形のりんごもみかんも同じ一だとしてしまう。つまりぜんぶただの●《まる》に置き換えていいっていうことですよね。それってまさに抽象化なんです。

だけどなかには「りんごとみかん違うじゃん。りんご二個だって、大きさも違うじゃん」って思う子もいるじゃないですか。たぶんアート系とか文学系ってそういうことだと思うんですよ。彼らにとっては一個一個のりんごがみんな違うわけですよね。そっちが気になる子はおそらく、りんごやみかんを並べる経験をしても、試行錯誤する方向が抽象化のほうにいかないから数学はできないかもしれない。

どうやったら抽象化の方向に試行錯誤するようになるかといったら、それは無理です。その子がもともともっている興味関心の方向は外からは変えられないからです。その代わりそういう子は、りんごやみかんの細かな違いに気づいて、その違いを言い表す言葉や独自の表現方法を見つけるかもしれないわけです。

だから、子どもの教育に関わろうと思ったら、「見る」っていうことがめちゃめちゃ大事なんですね。すごく大事。その子がせっかく伸びようとしている方向を見ていないで、別の方向に引っ張ろうとしても数学は伸ばせないし、せっかく伸びていこうとする力も失わせてしまいます。

でも、これはできます。たとえば学校の授業で、もともともっていた数学の力を発揮する子がどんどん出てくる授業っていうのはできると思います。あともうひとつできるのは、せっかくもっている数学の縁を潰すってことです。子どもの縁を潰したければ、大人がどんどん手を出して関わればいいってことです。

とにかく「見る」っていうことが大事。見て、その子の縁を感じとって、それを受け入れることですかね。人生の縁。興味関心って言い方もできますけど。

縁がないことすら人生ではプラスになる

井本　たとえば僕が縁を感じたときのことでいうと、まさにさっきの話です。「一週間って、一周回ったら八日じゃん」みたいに理屈っぽく考えてる時点でたぶんそういう方向が好きだってことですよ。僕の場合、それを潰されなかったっていうことですね。

あと、僕は、子どもたちの回答を見ながら毎日新しい教材をつくって次の授業をするっていうスタイルなんですけれど、「どうやったらそんなことできるんですか？」という質問をされるといちばん困るんです。なぜかっていったら、僕にとってそこはなんかぜんぜんわけなくできることなんです。なんでそんなことができるかといったら、僕は小さいころから自分で算数の問題をつくるのが好きだったんですよ。

小学五年生のときから自分で算数の問題をつくってました。テスト問題とかもつくる。中学生、高校生のときの試験前には、誰に見せるわけじゃないけどまず自分でテスト問題をつくってました。大好きなんですよ。中学高校のときにつくった図形の問題を、栄光学園の実際の入試で何問も出してます。遊ぶようにしてやっていたので、わけなくできるんですよ。こういうのが縁だと思うんですよね。

小五のときにいちばん最初につくった問題のことはずっと覚えています。めちゃくちゃ複雑で難しい図形問題をつくってやろうと思って、「ここの辺の長さを求めよ」という問題を一生懸命考えて、完成したものを塾の先生に解いてもらったんです。そうしたら、先生の答えが「正解」じゃなかった。「あ、それ、間違い！」って指摘して、どうしてそういう答えになったのかを説明してもらったら、それはそれで合ってるんですよ。つまり、条件過多で、一義的には答えが決まらないでたらめな問題だったんです。そこで僕は、一義的に定まるってことを考えなきゃいけないんだということを強烈に学んだわけです。

これも縁だと思うんですね。その縁って、結局いま僕がいもいもで変なことをやろうとしているっていうことにぜんぶつながってます。縁っていうのはそういう意味です。逆に僕は国語とか、そういうのはぜんぜんできないです。大学入試でも四問中二問は空欄で出しましたね。だいたいいつも二〇%ぐらいしか取れなかったです。縁がまったくなかった。自分が国語できないのをむしろ「イエーイ!」ってネタにしてましたね。

縁ってそういうものです。みんないずれ自分の縁を受け入れるようになるっていうことですね。そして受け入れることができたとき、これまでの人生で起こった一つ一つが意味をもって回収されていることに気づくようになるものだっていうふうに僕は思ってます。

自分の未熟さが子どもを押し潰しちゃってるかもしれないと心配する親御さんもいるけれど、長い人生で見れば、それも含めて子どもはぜんぶプラスに回収していくと思うんです。愛されて自己肯定感高く生きるのがいいっていうけど、そんなこと僕ぜんぜん思ってないし。たとえば自己肯定感が低いひとなんて山といてね、いるっていうことはそこに意味があるっていうことでしょ。そのときは苦しいかもしれないけど、その自分の人生を受け入れて、意味づけをすることによって、逆にそれがそのひとを支える力になったりする。

だから、親である自分がこれしちゃったからこうなっちゃったんじゃないかなって考える必要はないんだけど、まあ、考えちゃいますよね、はい。でもそれも子どもの人生では最終的にぜんぶプラスに回収されると思います。

教えなければ教えないほどうまくいく

宮本　私が教室を立ち上げたのは一九九三年でした。なぜ立ち上げたかというと、やることがなんにもなかったからです。

一九九〇年にＳＡＰＩＸ横浜校ができて、そこの教室長やれと。当時何もしてなかった無職の私を引っ張って、横浜校の教室長にしてくれました。すごく楽しくて、理想の教室をつくるぞと。でも、理想の教室をつくろうとするとどうしても企業の理念に反するところが出てくる。企業というのは際限のない利潤追求を目指すものですけれども、私は無責任な生徒のとり方をしたくなかったんです。三年後、「教室を明け渡しなさい」って言われて、「じゃ辞める」って。何も考えずに辞めました。

私のいままでの人生において無職の期間っていうのはなんどもあって、いちばん長いときで一〇〇〇連休しました。それは高校を辞めたあとですね。社会性も社交性も育ってないことが自分でよくわかってたから、研究者になるんだったらこのままでもいいかもしれないけど、社会に出るんだったらリハビリが必要だと思い、大学一年のころ中野駅北口で新聞販売店住み込みで朝夕刊の配達・集金をやって、社会性を取り戻しました。

ＳＡＰＩＸをやめたときも無職になったんですけど、何もしませんでした。何もしなかったら、卒業した生徒の親が「会議室押さえたんでここで喋《しゃべ》りなさい」って。「まだ俺、教室やるかどうかも決めてないのに」って言ったけど、「いいから出てきなさい」って呼び出されて。そしたら八〇人集めてくれたんです。そこで喋って教室を開いたのが一九九三年五月八日でした。それから、教えなければ教えないほど子どもが勝手に伸びるってことがわかったんです。本当にいまは何も教えません。

授業時間の九〇％は沈黙です。それがものすごい心地良くてしかも短く感じられる。うちの授業は一年生・二年生が一時間、六年生は四時間、休憩なしでやるんですけど、六年生の子が言ったことばが、「宮本先生の授業はタイムマシンに乗ってるようにすぐ終わる」。要は、本に没頭してるのと同じなんです。そういう授業をいまも続けています。

井本　僕は栄光学園の教員をずっとやってましたので、宮本さんの教室から栄光に来た生徒が何人かいて、井本先生を宮本先生に会わせたいと保護者から言われたんですよ。でも、あんまり外に関心なかったんで「ありがとうございます」って言いながら流すみたいなことが二～三回続きました。そこにものすごく強引なお母さんが現れて、とうとうお会いすることになって。会ってみたら、なんかすごいなって。僕、本当に外のひとってあんまり知らなかったんですけど、こういうひとがいるんだっていう。それからですよね。

宮本　栄光学園に進学した生徒のお母さんが口をそろえて、「栄光学園に宮本先生みたいな先生がいます」と言うんです。「居るわけないじゃん、俺、絶対学校の先生務まらないもん」って返事するんですけど、「井本先生には会うべき」と言われました。一回メール来たんですよ。「栄光学園の井本です」って。「会いに行っていいですか」って。「私はいいですけどあなたはいいんですか」って返しました。だってプログラマーとハッカーみたいな関係じゃないですか。初めて教室に来たのがたしか一一月ぐらいだったんですよね。もう最初っからなんか自分と対話してるかのように話が合って、面白くて。その日、井本さんは終電を逃しました。

井本　最初に授業を見させていただいたときのことはもうめちゃめちゃ覚えてます。「ここが教室だ！」。エレベーターで昇ってね。「あ、中にいるわ」と思って開けた瞬間にもうね、なんかいや、「これ、絶対音立てちゃいけないやつじゃん」って。空気で感じるというか。音立てちゃいけないと思って、ちょっと中をのぞき込んだあと、ゆっくりドアを開けて。人生であんなにゆっくりドアを開け閉めしたことない（笑）。カバンを置くのも、そうっと。とにかくゆっくり置いて。それくらいの緊張感。

でも心地いいんですよ。ぜんぜん尖《とが》った怖い感じがないですよね。宮本さんの授業の場合は、あの沈黙というか静寂のなかで、子どもたちが集中して、ぐっと問題に没頭していました。あれは宮本さんにしかできない授業デザインなんだろうなと思いましたね。

僕は学校の教員だから、もともと外で教室やるつもりはまったくなくて。だけど、東京の花まる学習会に小学二年生からずっと通っていた名古屋の女の子がいて、その子のお母さんがＦａｃｅｂｏｏｋで僕に友達申請してきて、そこでつながったんです。当時、その女の子が六年生の一二月ぐらいでしたね。すでに僕は、花まる学習会の高濱正伸さんとは、教え子を通して知り合いだったから、そのお母さんは高濱さんから僕のことを聞いていたらしいんです。それで、横浜かどこかで会うことになったんですよ。「はじめまして。こんにちは」みたいな。ただそのお母さんもものすごく押しの強いひとで、「花まるは小学生までしかないから、井本先生が中学生向けの教室やってくださいよ」って言ってきて「ああいいですね」って軽く生返事をしました。それだけなんですよ。ぜんぜん本気じゃなかったですよ。

そしたら、もうそのお母さんが直接、高濱さんに掛け合って、気づいたら僕がやることになって、もうなんか断れないじゃないですか。「じゃ、やりましょうか」って言って始まったのが「いもいも」。そもそも「いもいも」って名前もなかったし、名前もない教室で、募集もしてないし、最初は生徒五人でしたね。

そうやって始まったんですけど、僕にとってすごく大きかったですよね。授業時間は二時間なんですけど、単に学校の授業を二倍にすればいいわけじゃないことが初日にわかって。もうこれ、ゼロから自分の授業デザインを考えなきゃいけないなってなりました。あと、学校の授業に比べて圧倒的に小規模少人数ですよね。少人数だったらやりやすいとかってよくいうじゃないですか。少人数学級にすれば教育問題がいろいろ解決する、みたいな。あれ実はぜんぜん違って、少人数は少人数のやりやすさはあるけど、やりにくさもあるんです。それを実感しました。

僕にとってはそれがタイミング的にすごくよかったですね。五〇歳手前で環境がぜんぜん違うところに放り込まれて、自分の授業を見直さざるを得なくなりました。そこで新しい発想が得られて、いもいもでつくった授業を栄光学園での授業に逆輸入しました。

教室を立ち上げることになったのも偶然だし、なんの計画もしてなかったし、学校をやめるなんて思ってなかったですけど、気づいたらやめてて。気づいたら、なんか、こんなことになってました。

挑戦の結果は成功か成長しかない

宮本　成功ではなく成長を考えて行動する。「これやってもうまくいきそうもないな」。そんなこと心配しなくてもいいです。失敗して後悔するのはギャンブルとか株とかそんなもんだけです。全力でやったら、結果が出なくても、間違いなく成長します。本気の挑戦の結果は、成功か成長しかありません。それは私が身をもって体験してきました。

だけどいままで私の人生のなかで、実は成功体験っていうのは私の頭の中に一つもないんです。うまくいってしまったらもう終わりだから次のものを考えなければいけない。常に挑戦し続け、常に挫折し続けてます。それが私にとっての日常です。本当にね、ちっちゃいところでまとまって、予定調和の世界でゆったりと浸ってると成長が止まって、つまらない人生になります。結果に対して評価するんじゃなくて、どんなにできなくてもよくやったって褒めてやってください。

いまやれることを全力でやっていれば、必ずどっかの扉が一つ開かれます。その先にその子の人生があります。子どもの代わりに心配するのはやめてください。

私は子どもができてからますます仕事が面白くなり、すべての子どもがかわいく見えるようになりました。特に新小一の初日、うちの教室は二月が新学期ですから、まだ年長さんです。もう初めて来たときの年長さん見るとね、目がうるうるしてるのがわかるんです。そんなに幼い子たちなんだけど、それでも緊張感が高い空気の中で一時間の授業はあっという間に終わる。

年長さん相手に授業なんかできんのかなって、やるまでは私も不安だったんですが、ちゃんとできるんです。子どもは信じて見ててあげれば、必ず自分なりのスタイルを築くようになります。

二〇〇四年に『強育論』（ディスカヴァー・トゥエンティワン）を書いたとき、私には結婚する気も子どもをもつ気も一ミリもなくて、赤ちゃんの部分は想像で書いたんですけど、一つも間違えてなかった。それは自分自身が子どもで、自分自身の中にまだ赤ちゃんの部分があるから書けたんだろうなという気がします。

ちっちゃい子どもは体験が少ないから、常に予測不能の世界の中で生きている。経験値を積んでいけばいくほど、予測可能な範囲が広がる。ただし、たかだか一人の人間が一生のあいだに経験できることなんかそれほど多くはない。でも、ほとんどの場合、大人になりきってしまうと、予測可能な範囲から出たがらない。

そうすると、成長が止まる。安定と保証はあるけれども、ワクワク、ドキドキ、ハラハラがなくなる。私はそれが嫌だったんで、四九歳のときに、順風満帆だった横浜教室をやめて、日本橋に引っ越しました。あのとき欠員待ちが五〇〇人ぐらいいたんで、同じことを続けていればずっと同じ生活ができる。でももう飽きちゃった。やだ。

で、東京に移って、ものすごく気持ちよく楽しく仕事したんですけど、六年後また同じところで行き詰まって、日本のど真ん中の次はどこ？　世界のど真ん中、ニューヨーク、マンハッタン……。それだけの理由で、一晩でニューヨーク移転を決めました。

これ、大人のやることではありません。ほぼ九〇％子どもだから、そんなことが決断できた。でも、心のどっかで絶対何かがストップをかけてくれるだろうとも思ってました。やろうとしたけどできなかったんでしょうがないんだって自分に言い訳するつもりだったんですけど、実際には何も止めるものがなくて。健康診断もＯＫだし、米国永住権も日本にいながらにして五カ月でとれました。もう何も私を止めてくれませんでした。

いよいよ二〇一五年の二月一〇日、マンハッタンに住民票を移し、教室もなければ家もない。行く飛行機の中で、「あれ？　もしかしたらたいへんな勘違いをしてるかもしれない。そんなのうまくいくわけないじゃん！」。飛行機の中で体が震えて、涙が勝手に出てくるんですよ。旅行と移住はぜんぜん違うんだっていうことに初めて気づいて、「もし何かの都合で飛行機が成田に引き返したら、今回の移住はやめよう！」って考えたんですけど、飛行機は何事もなくニューヨークに到着して。

なんとか教室は開いたものの、一年やってもまったくうまくいかなくて、生活は楽しかったんですけど貯金がものすごい勢いで減っていって、これ破産するわと。二〇一六年の二月かな。うつ病になりかけたんですよ。おまえなんかいらねえよって声が聞こえてきそうな気がして。

三学年合わせて生徒が一〇人ぐらいしかいないから、「これ以上一人で成長するのは無理だ。ひとといっしょに成長するしかない。あっ、結婚すりゃいいんだ！」って、そのとき初めて結婚って二文字が降ってきました。「でもどうやったら結婚できるんだろうな？」って思ってたら、ちょうどそのころの飲み会で、あるひとの友人の部下が結婚相談所に登録したとたん良縁に恵まれたって話を聞いて、URL教えてもらって、すぐメール送って。でも面倒くさい、面倒くさい。大学の卒業証明書とか、役所行って独身証明書とか取ってこなくちゃいけないんですよ。

渡米してから一年半後の夏、日本で単発の特別授業をするために一時帰国する直前に、マンハッタンの教室で父母会をやり、いろんな勉強の話をして、最後に「これから日本に一時帰国します。そして年内に結婚します。結婚相手はこれから見つけます」って言ったら、お母さんたちはみんなポカンとしてましたね。

絶対に六週間の一時帰国のあいだに結婚相手を見つけるって決意して、帰った翌日に初めて妻に会って、もう見つけちゃったよって。六週間後に婚約してもらいました。五六歳で人生初の結婚をして、五九歳で夫婦合わせて一〇〇歳のときに自然妊娠し、娘を授かりました。だから言ってると叶うんだなあっていうこと、よくあります。ぜひみなさんもホラ吹きしてください。千回言えばだいたい実現します。

結婚して、子どもが生まれても、自分のなかの変化はなんにもなくて、一ミリもぶれない私、すごいなって思いますね。娘はこれから小学校に入って、たぶんそんな優等生であるはずはないと思うんですけども、どんなことやっても絶対動じないようにしようって思っています。

私は生徒に育ててもらったんです。結構授業下手くそでした。でも毎回毎回、おもてなしの心をもって授業の準備をするんですよ。どうやって子どもたちに楽しんでもらおうかと。そうやるうちに授業の質が上がっていくのがわかりました。

いまは、三歳四カ月の娘に育ててもらっています。先日抱っこしながら本屋で本を見てたら、「父ちゃんダメよ、見るだけよ」って言われてしまいました。何を言われても楽しい。

子どもを通して自分を変えてもらう

井本　僕は大学を出てそのまますぐ母校の栄光学園に戻って教員をやったんですけど、ふりかえるとね、最初はほら、まだ二〇年ぐらいしか生きてないのにね、生徒たちに向かってなんかもう人生論みたいなの振りかざして「こうなんだ」みたいに言ってたわけですよ。だけど結局、教員をずっと続けてきて何がわかってきたかっていったら、なんかむしろ、人生論とか言ってるときには僕はまだそこに縛られてたんだなってことですよね。そこになんらかのコンプレックスだったり、心の傷だったり、抑圧みたいなものを感じていて、だからこそ人生論とかって振りかざしてたんだろうなと思います。でも、子どもたちがそれを取ってくれたんですよね。

なぜかっていうと、子どもって、やっぱりずっといっしょにいると、それぞれの子が意外な形ですごい魅力を見せてくれるんですよ。魅力を見せてくれるっていうのは、実際には見せてくれたわけじゃなくて、僕を縛っていたこだわりがなんらかの瞬間にポンと抜けて、「見えるようになった」っていうことだと思うんですね。要するにこれが「目から鱗《うろこ》が落ちる」ってことなんでしょう。

そこから僕は、子どもを変えよう変えようっていうところから、むしろ子どもを通して自分を変えてもらうっていう方向に、子どもたちとの向き合い方が変わりました。そうしたら、いままでだってずっと見てたはずの同じ子どもたちみんながそれぞれに、もう超愛《いと》おしくなるわけですよ。いやもう本当にこれ、なんですかね。

子育てでみなさんがなんで苦しむのかっていうと、なんとかその子どもを変えなきゃいけない、親の責任として変えなきゃいけないって思うから。だから苦しむ。でもたぶん、どの先輩お母さんやお父さんに聞いても、子どもを思い通りに変えられたひとなんて誰もいないと思うんですよね。つまりそれはそもそもできない、変えられないっていうことですよね。

でも同時に、子育てをしてると、ぜんぜんうまくいかないと思いながらも確実に自分も変わってくるじゃないですか。だから、子育てって、子どもをどう変えたかじゃなくて、自分がどう変わったかっていうふうな軸で見ればいいんじゃないかなって。そう考えると肩の力も抜けるし、むしろ自分を褒められるんじゃないかなって思うんですよね。

子育てを狙ったとおりにうまくやれるひとなんていないし、かといって結果的にみんな子育てはうまくやれてるし、その過程で何より親自身が必ず変われるので、それでいいんじゃないかなって。

教育とか子育ての目的をどこに置くかっていったときに、子どもの側に置くんじゃなくて、自分の側に置いたほうが、すごく自然に見られるし、なんかこう、間違った見方をしなくてすむんじゃないかなと思いますね。

第2部

教えない教室の現場から

第4章

宮本算数教室の静寂

ハーメルンの笛吹き男

「おはようございます」

教室の入口でお迎えする宮本さんと静かに挨拶をかわすと、ホワイトボードに書かれた席順表を確認し、自分の席に着く。お喋りなどしません。

授業開始時刻の一分前。全生徒がそろった教室を見渡すと、宮本さんはおもむろに板書を始めます。生徒たちも一斉に鉛筆を握ります。授業開始です。

ホワイトボードにびっしりと問題を書き、宮本さんがペンを置いたのは一二分後。そのあいだ、子どもたちの鉛筆の芯が、紙を通して机を叩《たた》く音のみが聞こえます。コピー用紙のような紙を使っている子どもも、ノートを使っている子どももいます。

その後も宮本さんは無言のまま、自分の板書に間違いがないかを、手元のプリントと一字一句照合しながら確かめます。

見学したのは小五の授業。一一人が参加していました。実は私は二年前にも当時小三だった彼らの授業を見学させてもらったことがあります。当時はパズルを楽しそうに解いていました。今回は算数。「確からしさ（確率）」や「場合の数」の単元のようです。

大小二つのサイコロを振った出目の積・和・差、AさんからIさんまで九人を二部屋に分けるときの組み合わせ、八×八の碁盤の目のような通路の端から端へサイコロの出目に従って移動する方法などの確からしさを求めます。中学受験算数では定番の問題です。

それをいちどノートに写し取る子どもも、いきなり解き始める子どももいます。ぜんぶで八種類の問題。すべてを写し取ると、それだけで腕が痛くなる量です。

プリントを配布するのではなく、毎回板書するのが宮本算数教室の作法。低学年のパズルの授業でも同様です。ホワイトボードの表面をさらさらとなでるようにペンをすべらせる宮本さんの字は、いわゆる走り書きのようで決して読みやすくはありません。

しかし宮本さんの字の癖を子どもたちもよくわかっていて、難なく読解します。いや、宮本さんの独特な筆跡には生徒たちをある種のトランス状態に引き込む呪文のような効果があるのかもしれません。「ハーメルンの笛吹き男」のように、子どもたちが問題の世界に引き寄せられていくのが、教室の最後列からでもわかるのです。

約二分後、板書に間違いがないことを確認し終え、ホチキス留めされた手元のプリントを閉じると、紙が翻《ひるがえ》る音がパリッと教室に響きました。

「手、挙げてもいいよ」

宮本さんがぼそっとつぶやきました。それがこの日の授業で初めて宮本さんが発した言葉です。が、まだ手は挙がりません。問題を解けたところから、手を挙げて、答えが合っているかどうかを見てもらうのです。

禅堂に似た空気が漂う教室

子どもたちの手元をうかがいながら、宮本さんは教室をそろりそろりと一周します。笑顔でもないし、おっかない顔でもありません。授業中の宮本さんはいわゆるポーカ

宮本算数教室の小五の授業風景

ーフェイスなので、子どもたちもいちいち宮本さんの顔色を気にしません。

休憩なし二時間半の長丁場なので、子どもたちは時折黙って勝手にトイレに行きます。いちいち宮本さんに許可など求めません。完全な静寂に包まれた教室の空気はピンと張り詰めてはいますが、一方で子どもたちはいかなる圧も受けていない様子です。まるで禅堂か茶室のような空気が、教室を満たしていました。

「はい」

授業スタートから一六分過ぎ、初めての手が挙がりました。

「マル」

ぼそっとひと言だけ言って、宮本さんは手元のプリントに何かを書き込みます。誰がどの問題を正解したかを逐一《ちくいち》記録に残しておくのです。同じ子どもが手を挙げたら、手元の記録を見て、次の問題の解答が書かれているページをめくり、答案と照合します。

時間の経過とともにあちらこちらで手が挙がるようになりますが、宮本さんは流れるようにそれをさばきます。不正解の場合は「ボツ」とだけ言います。三問まとめて確認してもらう子どもは、「マル、マル、ボツ」などと言われながらノートを返されます。

最前列の子どもたち二人がほぼ同時に手を挙げました。

「どっち?」

「同時くらい」

「いや、そっちのほうが早かった」

「偉いね」

譲られたほうの答え合わせを先にします。

「ボツ」

譲られた子は苦笑い。

「これで正解だったらかっこいいね」

「いや、たぶん間違ってます」

「あぁ、そう？」

宮本さんが口元だけ笑いながら、譲った子のノートをのぞき込みます。

「えーと、マルの、マルの……、マル！」

このときだけは珍しく宮本さんの口調に力がこもっていました。

「よしっ！」

譲った子も思わずガッツポーズです。

「かっけー」

譲られた子の口からは感嘆がもれます。

「終わり〜」

全問正解者が出たところでこのコーナーはおしまい。解説はありません。

宮本さんは手元の記録を見ながら、ホワイトボードの端に書かれている生徒たちの名前の横に、正解した数だけ正の字を書いていきます。この時点で授業開始から三七分。

タイムマシンみたいな授業

いったんホワイトボード上の問題を消し、「年間の授業回数が三九回だから、今日は二〇回目で折り返し」と言いながら、「グラフ」と新しい単元名を書きました。「うわ〜」という声が子どもたちから上がります。新しい問題を板書します。

四角形ABCDの辺上を点Pが一定の速度で動いていく。PBCDを結んでできる図形の面積の変化を表したグラフが添えられている。時間ごとの図形の形をイメージしながらグラフを読み解き、ヒントを組み合わせてABCDの面積を求める問題です。

板書するだけ。問題文を読み上げたりもしません。

宮本さんが問題を書き終えて一分半もしないうちに、最初の手が挙がります。

無言で生徒の答えを確認すると、宮本さんはタイマーをセットしました。ほかにも何人か手が挙がります。正解すると正の字が足されます。それが集計され、翌週の席順が決まるしくみです。

「あと一〇秒」

何人かが慌てて手を挙げます。

最初の正解者が出てから一分半ほどしたところでタイマーが鳴りました。

ピピピ……というタイマーの音を放ったらかしにして、解説が始まります。

「〇秒時点のこの九〇平方センチメートルは何の面積なの？」

「ＢＣＤ！」

といった具合に、宮本さんが着眼点を提示して、子どもたちが自由に答える形で解説は進んでいきます。解説にはまったく無駄がなくて、テンポが速い。兵庫の灘《なだ》高校で見た幾何の授業によく似ています。

これだけ速いと、途中で理解が追いつかなくなっている子どももいるはずです。授業はすべて保護者にライブ配信されており、あとで録画も見られます。宮本さんはいちいち指示しませんが、わからなかった問題は、親といっしょに録画を見ながら復習することになるのでしょう。その後も同じ形式を八～九問ほどくり返すと、あっという間に授業開始から二時間が経過していました。

宮本さんは、つい考えたくなる問題をほいっと目の前に置くだけで、子どもたちになんの指図もアドバイスもしません。正解しても特別褒めたりしないし、間違えたってもちろん否定しません。子どもたちは問題にのみ集中し、ほかのことにはまったく気を煩《わずら》わされません。だからいわゆるゾーンに入った状態のまま、あっという間に時間が経つのでしょう。「宮本先生の授業はタイムマシンみたいだ」と子どもたちが言うゆえんです。

残りの三〇分で「お楽しみテスト」のプリントに取り組みます。この日解説した問題の類題が一〇問。たとえば最後の問題が図1です。二五分ほどでタイマーが鳴ると、隣のひととプリントを交換して丸つけ。宮

問題

グラフは電車が1番目のトンネルに入ってから、2番目のトンネルを出るまでの時間と、トンネル内の列車の長さの関係を表している。

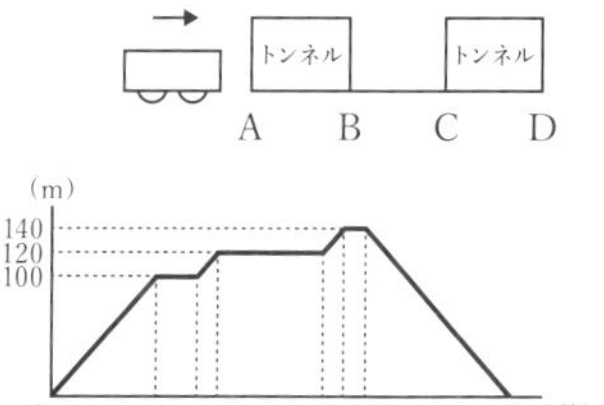

AB=(　　　　　)m
BC=(　　　　　)m
CD=(　　　　　)m
電車の長さ=(　　　　　)m

答え

AB=100m　BC=40m　CD=140m　電車の長さ=160m

図1　小五用の問題

本さんが答えだけを板書します。一問一〇点です。

「一〇〇、九〇、八〇、七〇、六〇、五〇……」

「はい！」

自分が何点取れたかを、手を挙げて知らせます。それが終わると、子どもたちは文房具をバッグにしまって、帰り支度を始めます。授業終了の合図もありません。

中学入試算数を骨だけにしたらパズルになった

宮本さんが授業を行うのは週末だけですが、平日も早朝から教室に出て、授業準備をしたり、一般向け教材をつくったりしています。何年も使用している低学年用のパズル問題であっても、授業の前の平日に必ず解説の練習をします。実際にホワイトボードに問題を書いて、誰もいない教室で模擬授業をするのです。どうやったらよりわかりやすく、テンポ良く、気持ちよく理解できるかを追求します。その徹底ぶりが、変人レベルなのです。

「『人生は、よろこばせごっこ』。アンパンマンの作者、やなせたかしさんのことばです。どうやって子どもたちを楽しませようかって、私は一つ一つの問題をすごく丹念に丹精を込めてつくっています。それをああいうふうに解いてくれるのを見てると、とってもしあわせな気持ち。自然に顔は柔らかくなります」

小一の授業も見学しました。ちょっと前までは園児だった子どもたちです。びっくりするくらい小さくてかわいらしい子どもたちがちょろちょろと教室にやってきます。お迎えする宮本さんの表情も、小五のときとは違います。でも、授業のスタイルはいっしょです。なんの説明もなくいきなりパズル形式の問題を板書します。しかも大人でも判読が難しい宮本さんの走り書きをちゃんと読解して、必死に食らいつきます。解説で、宮本さんが「ここがマルってことは、こっちは……？」と聞くと、「ばちゅ！」というかわいらしい声が返ってきて、キュン死しそうになります。

答え合わせでは板書のパズルをなぞる宮本さんの手の動きに合わせて「したしたした、みぎみぎみぎみぎ、うえうえうえ……」と、みんなで大きな声を出します。たぶんこのときだけは、パズルを解ききれなかった子たちも力いっぱい声を出しています。沈黙がトレードマークの宮本算数教室ですが、このときばかりはまるで合唱の時間です。宮本さんが童謡の「雀《すずめ》の学校」の先生に見えます。

小さな体にはちょっと大きく見える机の上に身を乗り出すようにして問題を解いていた男の子は、いつの間にか隣の椅子に座っていました。たぶん本人はそのことに気づいていません。「あの子たちを見ていると、やっぱり学習は本能だって実感しますよね」と宮本さんは頬をゆるませます。

授業は小一から小六まで各学年土日に週一回ずつのみ。小一と小二は一時間、小三は一時間半、小四以上は二時間半。小一から小三はパズル教室。小四以上は宮本さんが自作した中学受験算数の問題に取り組みます。小六にはオプションで一時間半の国語の授業もあります。

低学年用のパズル教室で扱う問題は『賢くなるパズル』（宮本哲也著、Ｇａｋｋｅｎ）シリーズと同様。もともと中学受験生用の算数教室をやっていた宮本さんでしたが、低学年クラスをつくるとなったときに、単なる計算ではなく、特殊算の先取りでもなく、高度な思考力を使いながら低学年でも夢中になれる問題はないかと考えて、パズルにいたりました。

たとえば小三で使用するパズルが図2。これならば四則計算の知識さえあれば取り組めます。しかし解くには詰め将棋のような論理的思考が必要です。その頭の使い方をくり返し経験することにこそ意味があります。小一の授業で扱われていたのが図3です。これならば四則計算の知識すらなくても取り組めるというわけです。

いずれ中学入試の超難問を解くのに必要になる論理的思考力を直接駆動するために、余計な算数的な知識をそぎ落としていった結果が『賢くなるパズル』なのです。つまり、中

問題

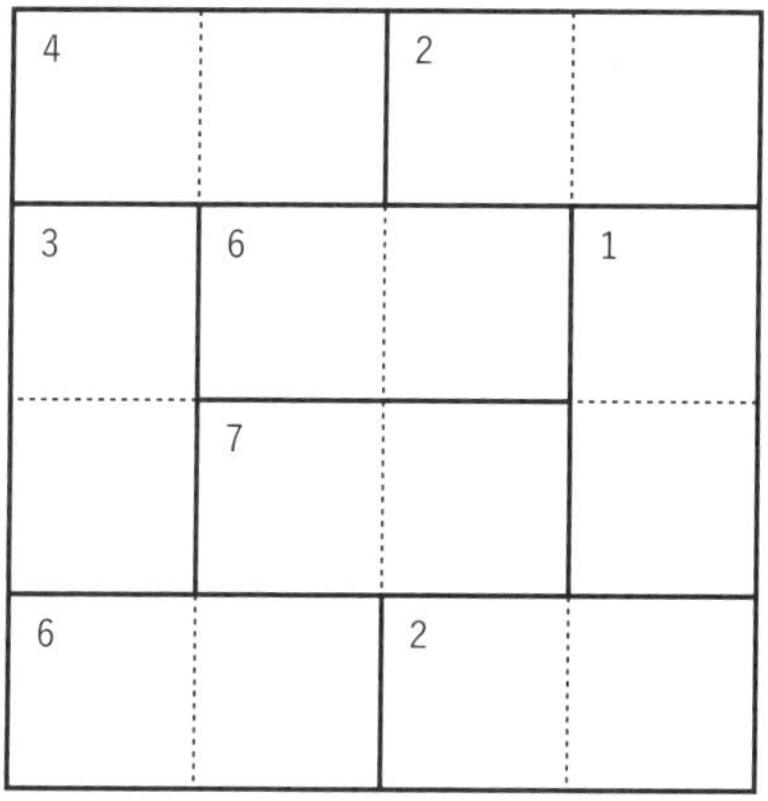

ルール

1　図のマスに1～4までの数字を1つずつ入れます。

2　どの列(たて、横とも)にも1～4の数字が1つずつ入ります。

3　太線で囲まれた箱(ブロック)内の数が2個のとき、数字はそれらの数の和、差、積、商のいずれかを表します。

図2　小三用のパズル

問題

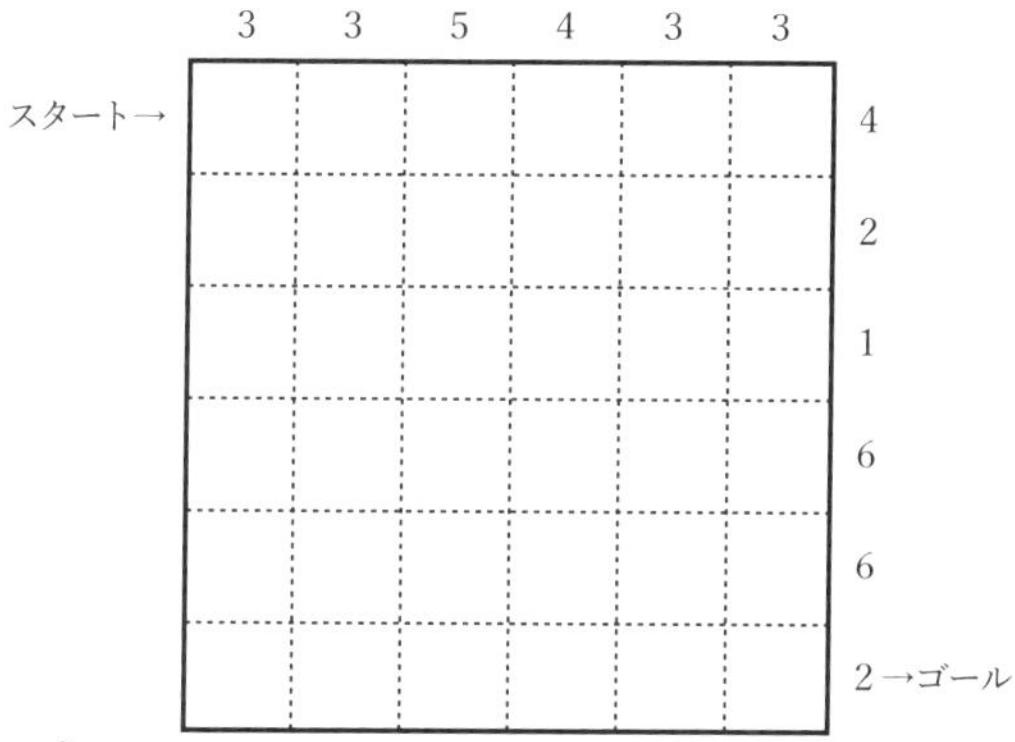

ルール

1　スタートからゴールまでマスを通って道をつくります。

2　数字はその下または左の道が通るマスの数を表しています。

図3　小一用のパズル

学入試算数から皮や肉を外していって残った骨格がパズルだったわけです。骨格さえしっかり育てておけば、あとから肉付けは簡単です。

というわけで、宮本さんの授業の実況中継を試みましたが、百聞は一見にしかず。小一〜小三の授業のライブ配信は誰でも見られるので、宮本算数教室のホームページからリンクをたどってみてください。

入塾の時期や方法などは宮本算数教室ホームページを参照のこと。一般の保護者向けの講演会も、随時開催されています。

答え

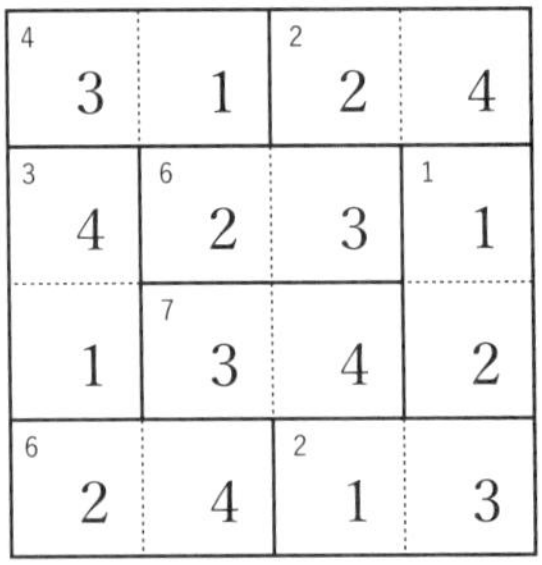

図２の答え

答え

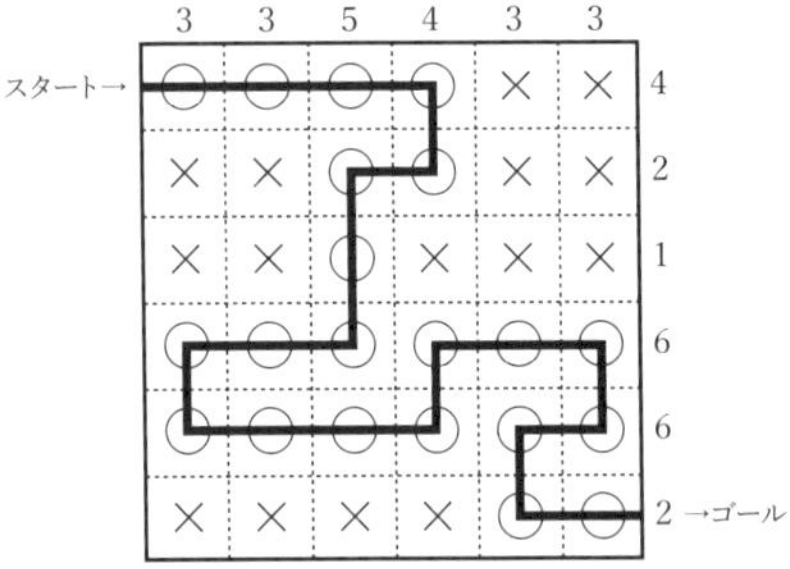

図３の答え

第5章

いもいも数理思考力教室の爆笑

正解がありそうもない問いを置く

「こんにちは〜」

「あっ、もう来ちゃった!? ごめん、もうちょっと外で待ってて。まだ会議中だから」

せっかく三〇分前に教室に来てくれた中高生を外で待たせるひどい仕打ちです。普通の塾ではそんなこと許されません。でも、それがいもいも。

会議とは、教材開発会議のこと。教材といっても、テキストやプリントのような形あるものではありません。いもいもでは、学びを喚起する「問い」そのものを教材と呼びます。要するに、「今日はどんな問いをぶらさげようか」という話し合いです。毎回の授業の直前まで、その日何をするのかを、「ああでもない、こうでもない……」と話し合うのがいもいも創立以来の文化なのです。

ぎりぎりでこの日の授業の進め方を決め、生徒たちを中に入れます。すると中三男子がイモニイ（井本さん）に、「面白い問題つくりました！」と、自作したパズル問題を見せました。イモニイは「おお、すごい！」と尊敬のまなざしで、「これちゃんとプリントにして来週みんなにやってもらうから、写真に撮らせて」とスマホを構えます。

公立中学校の生徒で高校受験を控えていますが、いもいものこの授業が楽しいので、親の許しを得て通っているとのこと。実はそのパズルは中学校のクラスメイトとの合作で、彼もいもいもに通いたいと思っているけれど、いまは受験勉強を優先して高校生になってから通いなさいと親から言われてしまっているそうです。

「この問題、一般的な高校の数学の先生でもつくれませんよ。そういうちょっとギフテッドっぽい子たちが、ここには来ているんです」

宮本さんとの共著である本書においては、やはり数理思考力の授業を見学させてもらいたいとお願いしたところ、ぜひ「スーパー数理ラボ」をとすすめられました。この授業が現時点でイモニイが到達した、数理的に最高峰の授業だというのです。

この日授業に来たのは小五から高二までの一〇人。

「とりあえず、夏休み明けで久々の授業だから、最初、カードゲームやろう」

イモニイが、いもいもオリジナルのカードゲームのカードを配ります。表現コミュニケーションのクラスで使っているもので、数理思考力には関係ありませんが、それぞれの子どもの個性が発揮されて、お互いの距離が縮まります。

二〇分ほどゲームで盛り上がったのち、イモニイが「いいよ」と講師の塩谷《しおや》君にサインを送ります。それを受けて、塩谷君は「とあることを考えました」と言いながらホワイトボードの前に立ち、田んぼの田の字のような図形を描きました。二×二のマス目です。子どもたちはすでにこれがなんらかの課題への導入であることに気づいています。

実際には、塩谷君とイモニイは、これから取り組む課題のルールを、子どもたちが感覚的に理解できるように丁寧に図解しながら時間をかけて説明しましたが、文章にしてもどうせ伝わらないので、ここでは割愛します。

子どもたちはテーブルを囲んで向かい合って座っており、隣と相談したり、疑問に思ったことを全員に問いかけたりします。課題の指図もざっくりなので、条件設定の甘いところは子どもたちから質問が出ます。塩谷君やイモニイも、質問されて初めて「ああ、そうか」と言って、指図の甘い部分を埋めていきます。

はじめに取り組んだ問題が図4です。実際には、ホワイトボードには図形だけが描かれ、何をするのかは口頭で指示されます。子どもたちには方眼紙が配られており、それを自由に使って試行錯誤します。イモニイが私に耳打ちしました。

「この問題には解き筋《すじ》なんてないし、セオリーもありません。僕らだってぼんやりと法則性がわかっているだけです。それがいいんです。正解の存在がちらついてしまったら、子どもたちはそこにたどりつくための最短距離を探そうとしてしまって、自由な発想は膨らみません」

塩谷君やもう一人の講師である永野《ながの》君やイモニイが子どもたちの手元をのぞき込み、試行錯誤そのものにリアクションします。答えを出すことが目的ではなくて、その過程で表れる子どもたちの思考そのものを「あぁ、そういう考え方をしたのか！」「それは思いつかなかった！　すげー！」などとおもしろがるのです。

高校二年生と小学五年生が対等に議論

「三×三でできたひとは四×四でやってみて」

少ないマスでパターンが見えてきたら、徐々に

問題

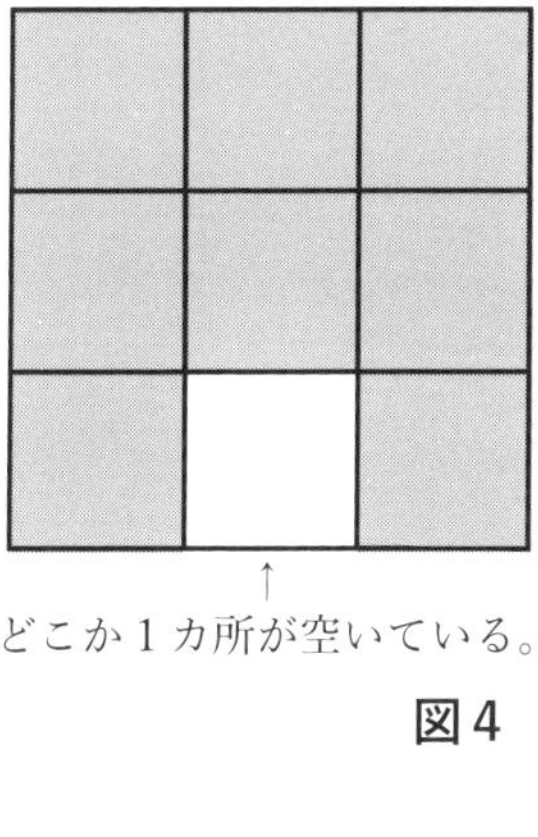

ルール

3×3のマス目がある。ただし9つのマスのうち必ず1カ所が空いているようにしたい。9つのマスのどこでも空けられるようなピースの組み合わせを考えよ。ただしピースはできるだけ少ないほうがいい。ピースは裏返して使ってもよい。

図4　いもいもの問題

マス目を増やしていきます。

　数理的な意味では非常に奥深い課題だとイモニイは言います。私にはさっぱりわかりませんが、数理的なセンスのある子どもたちにはその奥深さへの予感があるのでしょう。一人一人が方眼紙とにらめっこして、ときどきまわりと相談したり、講師たちに質問したりしながら、パターンを見出そうと夢中になっています。

　算数の知識すらない幼児でも取り組もうと思えば取り組める問題です。高校二年生と小学五年生が対等に議論している場面も微笑ましい。講師たちはもちろんこの問題の奥深さを理解しており、質問に対して、絶妙な方向性と深さでヒントを与えます。それも、ヒントと気づかれないような言い方で。

　イモニイはちょっと離れたところからその様子

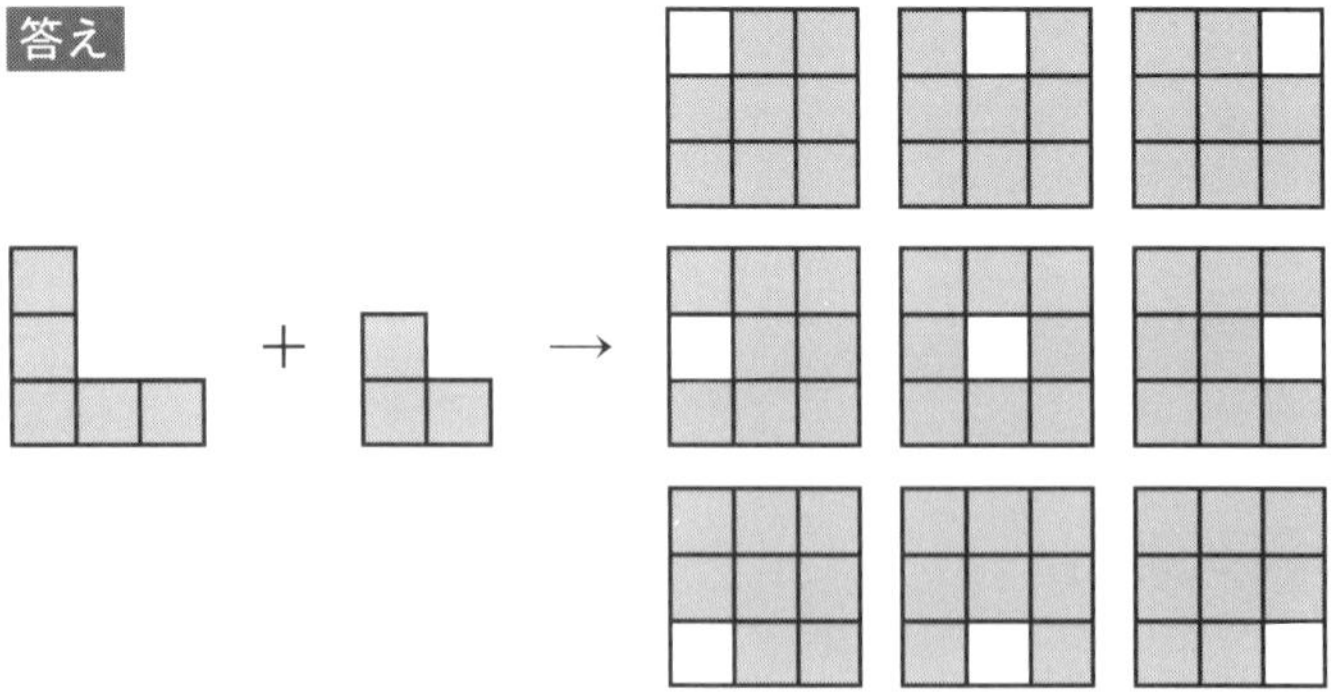

この２つのピースがあれば、９つのマスのどこでも空けられる。

図４の答え

を見守ります。誰かが授業を仕切っているわけではありません。ただ、テーブルの真ん中にシンプルな問いが置かれ、子どもたちがそれぞれに手を動かしながら発見した知見を共有し合って授業が進みます。

作業の基本パターンがわかったら、同じルールを応用して対戦型のゲームに発展させる展開を、講師陣は用意していました。さらにこの課題の数理的奥深さに気づいてもらう目的です。しかし単純なパターン探しだけでも思いのほか食いつきが良かったので、しばらくそのまま子どもたちを泳がせます。いもいもの授業は常にインプロ（即興）です。

一人が、「完璧な法則を見つけた」と手を挙げました。一同がどよめきます。永野君が目の色を変えて駆け寄って、説明を聞きます。

「うん、うん。そこまではＯＫ。で、ここから先はなんでそう言えるの？」

一つ一つ根拠を聞いていくと、論理の飛躍があったことに本人が気づきました。

「あー、そうか……」

だんだん手詰まりになってきます。間延びもしてきます。そろそろかなと思っていたそのとき、塩谷君が絶妙なタイミングで、教室の中に新風を吹き込みました。この課題に取り組み始めてからちょうど一時間が経っていました。イモニイからの合図があったわけではありません。子どもたちの様子を見て、塩谷君が自分でタイミングを見極めました。

「じゃあ、みんなねぇ、これを大きくしていったときにどうなるかはまた来週以降たっぷり時間があると思うので、次のことをしようと思います。五×五を二ピースでぜんぶカバーするのは未解決だったじゃん。だからこそ、こういうゲームをしようと思います」

対戦ゲーム形式で視点が変わる

二チームに分かれて、各チームが五×五をカバーする二ピースを用意します。一方のチームが五×五のマス目のうちのどこか一カ所空けるマスを指定して、もう一方のチームが用意していた二ピースでそのマスをうまく空けることができるかどうかを競い合います。

文章で説明しても何がゲームの肝なのかは伝わりにくいとは思いますが、単にゲームにして盛り上げること（ゲーミフィケーション）が目的ではなくて、同じ問いでも視点を変えてみることで、新たな気づきが得られる効果に期待した授業デザインであることが伝われば幸いです。チーム内で作戦会議をすることで、チーム内のそれぞれのメンバーの視点や発想が共有され、思考の前提が底上げされる効果もあります。

二チームに分かれての作戦会議は三〇分間におよびました。爆笑あり、悲鳴あり。裏の裏をかく心理戦の要素が含まれるこのゲームは大いに盛り上がりました。お互いに相手の攻撃を防ぐことができて、結果は引き分け。

そこから、どうしてそのマス目を指定して、そのピースにしたのか、どうしてどこを突かれたら負けていたのかなどを説明し合います。いわば感想戦です。それを塩谷君がホワイトボードに図解します。「なるほどねぇ」などという声が子どもたちから上がります。どうやら対角線上のマスを空けるのは難しいという法則に子どもたちは気づいたようです。ではなぜそうなるのかを、次回以降考えていくことになります。

実はどういう戦略が有効であるかを、塩谷君と永野君は教材開発会議の時間に数理的に解明していました。対角線上が弱点になることは事前にわかっており、対戦ゲー

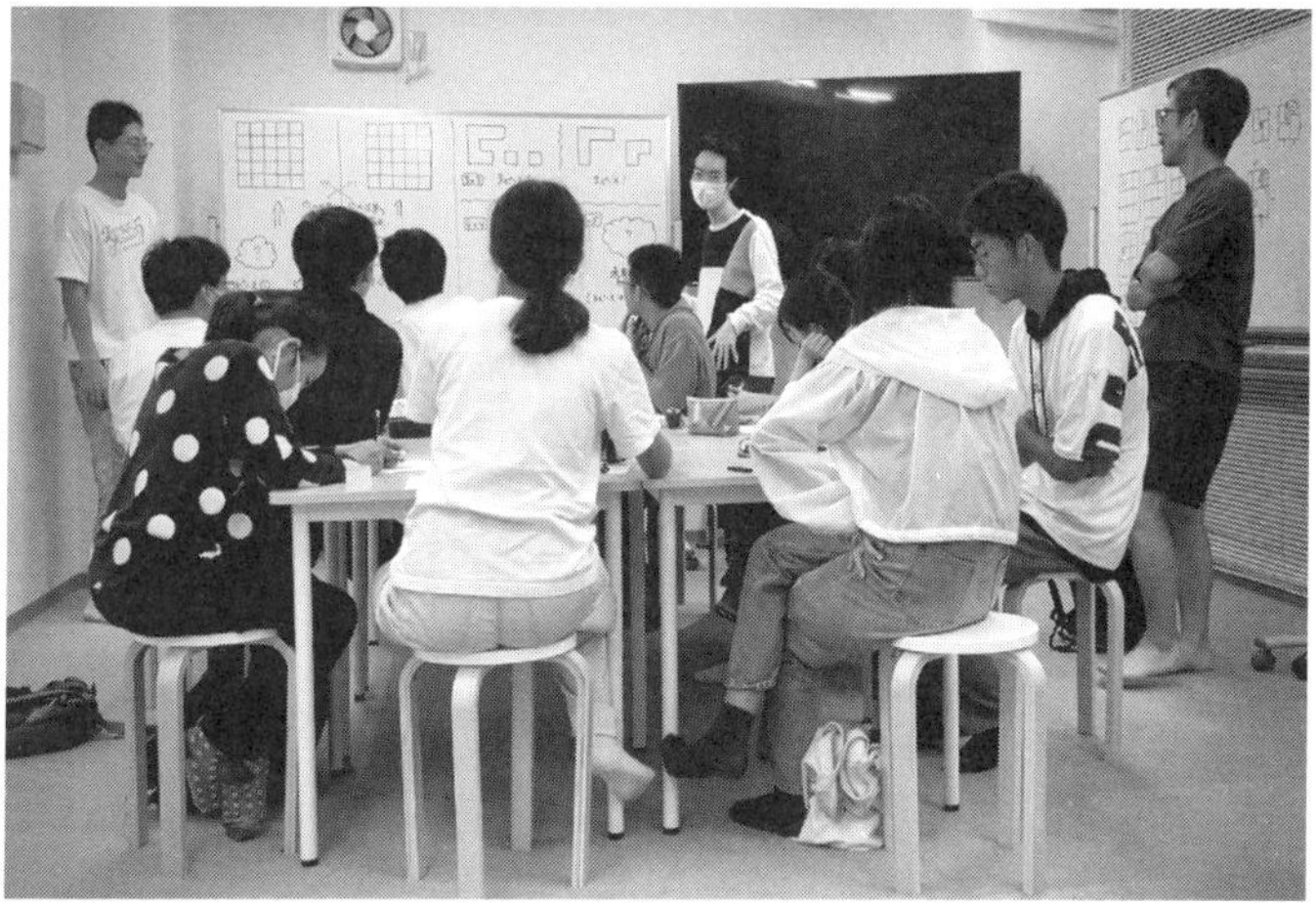

いもいも数理思考力教室の授業風景

ムを通じて、子どもたちもそれに気づいたのです。

講師たちですら解明しきれていない高度な数理的問い（ただし数学的な知識は不要）を子どもたちの前に置き、完全なるインプロで授業を進めたにもかかわらず、講師たちが予見していた法則性に子どもたちは自《おの》ずからたどりつきました。考え抜いた達成感と、新たな問いを得た好奇心で、子どもたちの目は爛々《らんらん》と輝いています。

なんだか狐につままれたような気分になり、私は思わず笑ってしまいました。

塩谷君、永野君、そしてイモニイは、数理の摂理に子どもたちを出会わせているだけです。それは、子どもたちを森に出会わせ、あとは好きにさせておく「森の教室」との相似形に私には見えます。

子どもたちが思わずプルッと反応してしまう楽しい問題をほいっと目の前に置いて、あとは子どもたちが勝手に試行錯誤するのをにやにやしながら眺めていて、ときどき子どもにちょっかい出すのが、栄光学園時代からのイモニイのスタイル。「なるほど、あれがこうやって進化したか」と、私の中ですべてがつながりました。

いもいもでさまざまな活動にチャレンジし、これまでの教員生活とは違った角度から「学び」をとらえ直した結果、子どもたちが思わずプルッとする瞬間への洞察を一段階も二段階も深めたのでしょう。授業デザインの奥行きが、段違いに深くなっていました。「森の教室」に力を入れるなど、イモニイが一時期、数学からどんどん離れていったのは、イモニイなりの脱線であり、いたずらであり、試行錯誤だったのです。

受験勉強でスポイルされる才能を救いたい

塩谷君と永野君は二人とも栄光学園の卒業生ですが、実はこのふたり、そんじょそこらの塾講師や学生アルバイトではありません。ただ者ではありません。

塩谷君は高校時代、日本数学オリンピック本選出場を辞退した経歴があります。理由は修学旅行を優先したいから。成績は学年トップ。東大合格も間違いないと誰もが思っていました。しかし本人の第一志望は横浜国立大学。理由は、近いから。教育学部で数学教育を専門に学び、卒業後、いもいもに初の新卒正社員として就職しました。

永野君は高校時代、数学甲子園で二年連続優勝。科学の甲子園では、準優勝と優勝を経験しています。圧倒的な学力をもちますが、彼もまた東大ブランドには興味がありませんでした。むしろ彼のような天才肌には受験のための勉強がバカらしく感じられてしかたなく、それを回避するために総合型選抜で東京工業大学（現・東京科学大学）の理学院数学系に進学しました。現在は大学院一年目で、アルバイト講師としていもいもで働いています。

イモニイに言わせれば、ふたりとも数学の天才。そしてふたりともおそらく発達の凸凹《でこぼこ》が多少なりとも大きなタイプ。また、コミュニケーションのパターンは典型的なオタクです。いわずもがな数学オタクです。

二人がテンポ良く数学的な話を進めると、ときどきイモニイが「え、どういうこと？教えて」と説明を求めます。要するに、ふたりの数学的パス回しの速さに、イモニイすらついていけないことが日常茶飯事なのです。イモニイの達人級の授業デザインにふたりの数理的な引き出しが加わり、鬼に金棒です。それがスーパー数理ラボの授業なのです。

イモニイも笑いながら言います。

「彼ら、一般企業に入ったら絶対うまくやっていけないですよね。天才だとは理解されず、きっと使えない社員扱いですよ」

一方で、眉間にしわを寄せてこうも言います。

「彼らは自らつまらない受験勉強から距離をとることができましたが、彼らと同じような才能をもちながら、優秀であるからこそ受験システムに過剰適応させられてしまい、東大生の称号は得られたかもしれないけれど、自分の本当の才能を伸ばしきれなかった子どもたちも世間にはたくさんいるはずです。ほんとにもったいないと思います」

さらに、目を細めて言います。

「だからね、そういう子どもたちを、塩谷君や永野君に会わせたいんです。その才能を受験のためなんかに使わなくてもいい。自分がありのままで輝ける場所が必ずあるとわかってもらえると思うから」

高校生以上であれば誰でもスーパー数理ラボに参加できます。中学生、小学生についてはいまのところ、いもいもの各種授業を通して適性があると感じた生徒を、イモニイが誘う形になっています。

数理思考力教室から、表現コミュニケーション、森の教室まで、いもいもにはさまざまなクラスがあります。詳細は、いもいもホームページをご覧ください。

第6章

共通の教え子が見た闇と光

四つの中学受験塾をかけもちして栄光学園へ

宮本算数教室から栄光学園に進んだ生徒はたくさんいます。つまり、宮本さんと井本さんの共通の教え子がたくさんいるということです。「あいつ、いまどうしてる?」なんて、宮本さんと井本さんはよく盛り上がっています。

井本さんについてのルポルタージュ『いま、ここで輝く。』（エッセンシャル出版社）には、井本さんの教員としてのスタンスに大きな影響を与えた生徒として「Rくん」のエピソードが出てきます。小四まで宮本算数教室に在籍し、その後見事栄光学園に合格し、井本さんが担任しますが、退学してしまいます。

何があったのか、そしていまどうしているのか、Rくん本人を訪ねました。

＊＊＊＊＊

東大の理系の研究室。三〇歳を過ぎたばかりの研究員が出迎えてくれました。この研究室に来て七年目。つい先日、博士号を取得したといいます。現在の彼を見れば、どこからどう見ても〝勝ち組〟です。しかし彼の歩んできた道のりは、決して平坦ではありませんでした。むしろ、壮絶な悪路でした。

教育熱心すぎる母親に育てられ、幼少期から過度の勉強をさせられてきました。反動で、せっかく合格した名門・栄光学園中学を退学、ひきこもり生活も経験しました。弟は、成人してから心の病を発症。両親の口論は絶えず、父親は晩年、廊下で寝ていました。

「めちゃくちゃな家族ですよね。普通の家族が羨《うらや》ましいなって思うことはありますよ」。そう言いながら笑う彼の横顔には、三〇代とは思えない達観があります。ここでは「Rさん」と呼びます。

横浜で生まれ育ちました。都内の有名私立幼稚園をお受験し、見事合格。小学校で再びお受験し、横浜の私立小学校へ。クラスの八割が中学受験最難関校に進学するような学校でした。でも、小学生のころのRさんは、常に寂しさを感じていました。「マミコ」という飼い猫に、「なんで生きてるんだろうね?」と語りかけたのをいまでも覚えています。

小学二年生ごろから、中学受験用の塾にいろいろと通い始めました。最終的には、SA

ＰＩＸ、ＴＡＰ、啓明舎《けいめいしゃ》（現・啓明館）、三田塾《みたじゅく》と、当時評判だった四つの塾を同時並行で通わされました。その代わり家での勉強時間はゼロ。でも、Ｒさんは授業を聞いているだけでテストが解けました。まわりからは「なんだこいつ？」という目で見られていました。

Ｒさんは、活発な気質をもった子どもでした。小学生のころからよく家出しました。小学校を抜け出して、一人で熱海まで行ってしまったこともあります。塾はしょっちゅうサボっていました。当然家に連絡が行きます。帰宅すると父親に平手で殴られました。そのときには食事も与えてもらえませんでした。

長く詰問されたあと、必死に謝り倒すことでなんとか許してもらえました。すると、ようやくおいしい食事にありつけました。それが、母親からの愛情を感じる唯一の瞬間でした。食事を終え、独り、寝床につきます。布団の中で「お母さん、大好き」と泣きながら、絞り出すように自分に言い聞かせていました。

「そのくり返しでしたよ。サボればまた嫌な時間がやってくるってわかっているのに、それでもなぜかサボるんですよね。常に不安定な日々でした」

塾をサボって立ち寄った本屋で、当時ブームになっていたホーキング博士の本を手に取ると、宇宙の起源について書かれていました。宇宙の始まりがわかれば、「なんで生きてるんだろうね？」という問いの答えもわかるかもしれない。物理学に興味をもった瞬間でした。

神奈川御三家と呼ばれる学校のすべてに合格し、栄光学園に進学しました。中一から、鉄緑会《てつりょくかい》とＳＥＧ《エスイージー》という、有名中高一貫校生御用達の大学受験塾に通わされました。しかし小学生時代からの習性で、学校の宿題をまったくやりません。テストの点も悪い。成績表は赤点だらけになりました。さらに、Ｒさんはのちに、学校内で三〇件以上の窃盗《せっとう》事件を起こします。

退学、フリーター、そしてひきこもる日々

「家に帰りたくなくて、学校帰りに街をふらふらしていたんです。ゲームセンターに寄ったり、カードゲームを買ったりするために、お金を盗みました。Ｏ君というクラスメイトがいつもいっしょにいてくれました。僕にとっては数少ない理解者。でも、Ｏ君に迷惑をかけてはいけないから、窃盗のことは黙っていました。いつも僕がＯ君にお金を渡していっしょに遊ぶという感じ。Ｏ君も『なんでそんなにお金もってるの？』と不思議がっていました」（Ｒさん、以下同）

素行不良というよりも、赤点だらけの成績が原因で、中学二年生で留年が決まりました。二度目の中学二年生の途中で、Rさんは結局退学します。

「校長面談のとき、たぶん、僕が『お願いします』と頼んだら、先生たちは学校に残してくれたと思うんです。でも僕は、『やめます』と自分から言いました。帰路、母親は『なんであんなことを言ったの?』と泣きながら僕を責めましたが、僕はなんの未練も感じていませんでした」

そこにいたるいきさつと、当時担任であった「イモニイ」の側から見た当時のRさんの様子は、拙著『いま、ここで輝く。』に描かれています。

幼いころから母親の期待を一身に受け、応えてきました。しかし退学を選択するという形で、ついに母親の期待を打ち砕いたのです。地元の中学に転籍し、そこから普通の県立高校に進学しました。

「でも母はまったく変わりませんでした。息子が有名進学校を退学して、目が覚めたとか、自分の過ちに気づいたとかではぜんぜんなくて、現実を受け入れることができず、ただ無気力になっていきました」

高校を卒業して二年間フリーターになり、さまざまなバイトを経験しました。「正社員にならないか?」とも誘われましたが、それは自分のしたいことではないと感じて断りました。「もういいかな」と思って、バイトもすべてやめてしまいました。

それから一年間、家から一歩も出ませんでした。いわゆる「ひきこもり」です。寝転がってテレビを見るだけの日々。シャワーを浴びるのも面倒くさい。母親はほとんどの家事を放棄しており、家はゴミ屋敷化。食事はほぼ毎食、牛丼屋かスーパーの弁当でした。

まるで「見えない牢獄」の中の無気力な囚人のようでした。ほとんど無意識で、「ほら、これがあなたの教育の成果だ！」と、自分の堕落していく姿を母親に見せつけたかったのかもしれません。

もうひとのせいにするのはやめよう

Rさんに立ち上がるきっかけを与えてくれたのは、テレビに映った子どもたちでした。「『世界がもし一〇〇人の村だったら』という番組でした。南アフリカのコーヒー農園で児童労働をさせられている子が、なけなしのお金で一本の鉛筆を買うんです。それを半分に折って、きょうだいと分けて、『これで勉強ができるね』って目を輝かせているんです。それを見て、頑張ろうかなと思えたんです。だって、僕は頑張ろうと思えば頑張れる国にいるんだし、奴隷じゃないし。もうひとのせいにするのはやめようと」

小学生のころに憧れた物理を勉強したい。大学で学びたい。知的なことを語り合える友達がほしい。純粋な欲求が心の奥底から湧き上がってきました。それはおそらく、小学生のころからRさんがずっと胸の奥に抱いていた素直な気持ち。でも常に母親がRさんの行動をコントロールしていたがために、いつしかその気持ち自体が麻痺してしまっていたのです。

大学受験勉強のために、有料の自習室に毎日通うことにしました。一年ぶりに外出すると、自分を責める幻聴が聞こえました。パニック障害の一種でしょう。それでもなんとか自習室に通い続けました。

その机が、生まれて初めてRさんが自らの意志で選んだ自らの居場所だったといえるかもしれません。そこから本当の意味でのRさんの人生が始まりました。

自習室に三〇代の男性が来ていました。東大と東工大の両方で数学の修士号を取り、難関大学専門予備校で塾講師をしていましたが退職し、司法試験合格を目指して勉強しているという変わり者でした。

いっしょに昼食をとりながら、彼が言いました。「よし、僕が勉強を教えてあげるよ。司法試験の勉強では、いままでせっかく勉強してきた理系の知識が不要になる。それを吐き出す場所がほしかったんだ」。それから二年間、彼がオリジナルの教材をつくってくれて、つきっきりで受験指導をしてくれました。

「いまの僕の人生があるのは、一〇〇%彼のおかげです」

いまでも母と話すと一時的に自信をなくす

Rさんは見事、東工大に合格します。さらに東大の大学院に進みました。世界の常識をひっくり返す可能性がある最先端分野に関わっています。研究室では、心から尊敬できる素晴らしいひとびとに囲まれています。「ひとを信じてもいいいんだ」と思えている自分がいる。自分の変化を自分で感じます。

「いま、ここで、みんなが自分を肯定的に認めてくれる。それが、僕が僕であることの証しだと感じています。それが僕のすべて。それ以外にない」

修士課程の最後の発表の日、かねてより闘病中だった父親が危篤《きとく》に陥りました。事情を知った教授たちは、Rさんの修士論文が特に優秀だと認められ「特別賞」に内定していることをこっそり教えてくれました。「お父さんに伝えてあげなさい」。そう送り出されて病院に駆けつけました。

まだ意識がありました。修士論文が「特別賞」に認められたことを報告すると、父親はとても喜びました。息子がとうとう自分らしい人生を歩み始めたのを見届けて、次第に意識が遠のいていきました。

父親はもともと自由業でした。しかし母親からさまざまな制約をつけられ、次第に仕事は減っていきます。晩年は朝の五時から夜一〇時までコンビニでバイトをして家計を支えました。母親は資産家の娘でしたが、あくまでも夫に大黒柱としての役割を求めました。母親はそんな父親までも邪険に扱うようになります。バイトの帰り道で倒れ救急車で運ばれたときには、すでに全身を癌《がん》に冒されていました。

「父親とはもっと話しておきたかった」

Rさんが持病の小児ぜんそくで苦しんでいるとき、夜が明けるまでずっといっしょにいてくれたのはいつも父親でした。「小さいことを大切に、丁寧にやれ」が父親の口癖。それがいまの研究者としての心意気にもなっています。本当は父親は、「息子には自由に生きてほしい」と、それだけを願っていた。Rさんを殴るとき、それが父親の本意でないことは、Rさんにはわかっていました。

弟は、Rさんとは違って、勉強が苦手なタイプでした。優秀な兄と比較され、常に劣等感を抱かされていました。母親からはネグレクト気味の扱いを受けており、精神的に不安定なところもありました。成人してから心の病を発症します。錯乱状態で警察沙汰の事件も起こし、一時は施設に隔離されたこともありましたが、いまは薬で症状が安定しています。

「弟が心の病という診断を受けて、僕は安心しました。これでまともにケアを受けられるのですから。できないやつだとレッテルを貼られて放っておかれていたころよりも、いまのほうが、彼はしあわせだと思います。いま、彼は、彼なりに頑張って前向きに生きていますから」

現在母親は、Rさんの叔父にあたる実の弟といっしょに暮らしています。Rさんと母親は数カ月に一度会いますが、いまだに話はかみ合いません。「あなたは間違っている」「私の気持ちを理解していない」「あなたもいつかわかる」とくり返すばかり。「いまでも母と話すと一時的に自信をなくすんですよ」とRさんはつぶやきます。

でもRさんはいま、母親を憎んではいません。彼女には彼女の事情があったのだと思っています。

意味は与えられるものではない

「小学生のころは、いちどレールを外れたら人生が終わると思わされていました。でも、実際はそうではなかった。いまは、こんなにしあわせでいいのかなと感じるくらいしあわせです。なんで生きているのかすらわからなかった僕が、小学生のときにふと興味をもっただけの物理の世界で、いま、ここまで来ているのが常に不思議な感覚なんです」

現在の目標は何か。

「小さくてもいいので、物理の中の新しいものを、ある程度のペースで見つけていきたいと思います」

Rさんはすでに物理学上の新発見を二つほど成し遂げています。

「僕がいま研究している分野は、ほかに研究しているひとが少ないんです。だからやればやるだけ新しい発見ができます。そしていつか、なんらかの形でみなさんに恩返しができればいいなと思います」

かつて飼い猫のマミコちゃんに語りかけた「なんで生きてるんだろうね？」の答えは見つかりそうか。

「物理ではその答えを出せないってことはすぐにわかりました。物理はｈｏｗの学問であって、ｗｈｙに答えを出してくれる学問ではないので。でも、その問いは、僕の中でもうどうでもよくなっているんです。『意味は与えられるものではない。自分でつくればいいんだ』って、わかりましたから」

物理について生き生きと語るRさんの表情はきらきらと輝いています。一方で、その表情に、陰が見えた瞬間もありました。現在、人生をともにしようと考えているパートナーはいますが、「自分も母親と同じことをしてしまうのではないか」という怖さが拭えず、子どもを授かることにはいまだに前向きになれない自分がいると語ってくれたときです。ただしそれは、決して悪い陰ではないと私は感じました。

闇があるからこそ、星はいっそう輝いて見えます。輝きの先には、必ず陰ができます。陰に目を向けてこそ、輝きの本質に気づくことができます。いま、彼をよりいっそう魅力的に見せているのは、回り道を経験してこその達観です。ひととしての深みといってもいい。

どんなに回り道をしても、どんなに無為な時間をすごしても、どこまで堕《お》ちたとしても、人間は、その経験を自らの輝きに変えることができる。それこそが、人間の強さであり、美しさでもあるのです。

＊＊＊＊＊

だからといって「親がどんなに子を傷つけても大丈夫」なんて思わないでください。R

さんは出会いに恵まれ、それをものにすることができた、ごく一握りのサバイバーです。「あれもやりなさい」「これもやりなさい」と足し算の子育てをされて、人生を台無しにされてしまった子どもたちを、宮本さんも井本さんも嫌というほど見てきました。だからこそ、引き算の発想にたどりついたのです。

宮本さんは著書『強育論』で、次のように書いています。

当たり前のことですが、中学受験で失敗している人のほうが成功している人よりも圧倒的に多いのです。失敗した原因はほぼひとつに絞られます。

「やらせ過ぎ」

どんな道を歩むことになったとしても、そのひとらしくいられる限り、ひとは輝く。だとすれば親は、輝かしいひとに育てなければと気負うのではなく、肩の力を抜いてありのままの子どもを認めてあげればいい——。

Rさんの物語から私たちはそんなことを学べるのではないでしょうか。

第3部

やらなくていいことQ&A

第7章

やる気を見せてくれません

Q

執着するほど好きなものがあまりない子でしたが、五歳になって初めてポケモンにどハマりしました。図鑑を読み込む様子は好ましくあるものの、**どうやったらここから興味の幅を広げることができるのか**、と考えています。

A

子どもが興味をもったところを、親もいっしょに掘ればいい。穴を広げたり、別の穴を掘らせたりしようとしなくていい。

おおた　この相談者は、子どもがポケモンにハマっていることそれ自体はうれしいんですよね。で、それがどう学習につながっていくんだろうという期待もある。生物の進化に興味をもつとか、お絵かきに目覚めるとか。

宮本　ポケモンに好きなだけハマらせてあげればいいじゃない。欲張りすぎですよ。この親御さんの質問の意図は、いくらポケモンの権威になってもあまり人生には役立ちそうにないからもっと役立つものに移行させたいってことでしょ。

井本　僕が子どもたちを見ている限り、彼らが没頭しているところに、その子に必要な本質的なものが落ちているものです。だからむしろ、子どもが没頭するところを親がいっしょに見て、いっしょに学べばいいと思います。「ここか。だから楽しいんだ。なるほど」みたいに。子どもが夢中になる、わくわくするものをもっと信用すればいい。

宮本　子どもを信用できないのは、自分を信用できていないから。

おおた　世の中一般には、何か対象を決めてそれをある程度のところまで究めてほしいみたいな感覚がありますよね。ある意味、成果を求めているってことですよね。「勉強ができなくても、何か一生懸命になれるものが見つかればいいんですけど、それもないんで……」って決まり文句ですから。勉強でいい成績をとれなかったら、せめて何か別のことでひとから「すごい」と言われる成果を出してほしいみたいな。

宮本　そう言っている親御さんに「あなたには何かあるんですか？」って聞きたいね。

井本　うちの子、勉強は得意そうではないなと思っているときに「勉強できなくても大丈夫！　これからは好きなことがあるひとが強い」とかいう記事を読んじゃうと、何か好きなことを見つけてほしいと思ってしまう。それが見つからないと結局また不安になる。

おおた　親自身がわが子の教育の成果みたいなものをわかりやすい形でほしいのかもしれませんね。「ほら」ってひとに見せられるような形で。その子がその子らしくあったら、それが最高の成果だってことは優れた教育者が口をそろえることなんですけどね。

宮本　しあわせになる方法はひとの数だけあるじゃないですか。でも不幸のパターンというのは一〇パターンもないんです。親の自己肯定感が低く、承認欲求が強い。自分のことで欲をかくのは構いません。子どものことで欲をかくべきじゃありません。

Q 集中力がなく、落ち着きがなく、なんど説明しても聞いていません。なんど同じことを注意しても直りません。いわゆる**やる気スイッチが見当たりません。**

A どんなにくだらないことでも、子どもが夢中になっていたら邪魔しない。褒めなくてもいい。ただちゃんと見ていればいい。やる気スイッチは外からいじろうとしない。

宮本　興味がないことに集中しないのは当たり前です。興味がないのに一生懸命聞いていているのは家畜だから。いいことじゃありません。

うちの卒業生で筑駒《つくこま》（筑波《つくば》大学《だいがく》附属《ふぞく》駒場《こまば》）に行った子が、幼稚園では「検査受けたほうがいいです」と言われたそうです。なんで検査をすすめられたのかといえば、一人だけ先生の話を聞けないからだと。私の授業ではすごく集中してたし、めちゃくちゃ賢い。

だからこれは、集中力がないんじゃなくて、興味がないだけです。落ち着きがないのは、早く解放されたいからです。

井本　「集中力」ってよく使うけど、集中力をここにポンと出してくださいと言われても、誰も出せませんよね。そんなもの、実はない。ほかの「○○力」も同様です。概念が独り歩きして、その概念に縛られるってことがあります。

このまえ森の教室で、大きな岩に石をガンって投げつけて割ろうとしている子がいました。なかなか割れない。まわりの子たちも集まってきて、やっぱり割れないと。それを朝の一〇時から夕方三時までずっとやってました。最終的に石は粉々になって、それをぜんぶ集めて大切に持って帰りました。

宮本　それを見れば、自分が試行錯誤したことやそのときの気分を思い出しますよね。

井本　森に行って放っておけば、子どもって当たり前に没頭するものを見つけます。でも子どもがやりたいことってだいたい大人からすると無意味なことだから、ほとんどやらせてもらえない。「あなた集中力ないね」って言われても、子どもからしてみたら「没頭したいのに止められるじゃん」みたいな。

おおた　一人でずっと石を割ろうとしていたら、「退屈なのかな？」「みんなの輪に入りたくても入れないのかな？」なんて勝手に思い込んだ優しい大人が「こっちでいっしょに遊ぼうよ」なんてまったくの善意で邪魔しちゃうことがありますよね。

井本　親が来るとぜんぜん雰囲気が変わっちゃいます。やっぱり親はすぐ干渉しちゃうから。でも、参加した親御さんも、スタッフのスタンスを見て、いろいろ学ぶんです。

おおた　いもいもの森の教室を見ていると、いろんな些細なところに子どもが没頭しているのを見られます。目をキラキラさせるってこういうことなのねってことが実体験としてわかります。いったんそれがわかると、いたるところでこういうことが実体験としてわかります。に気づけるようになります。石を割るみたいなまったく生産性のないことに夢中になる子どもの息づかいを感じて、「没頭って、こういうことでいいんだ！」ってわかります。

それって自分の子どもだけ見てるとなかなか気づけないんですよ。それぞれの子どもにそれぞれの没頭があるってことがバリエーションとして見えると、急にいろいろ見えてくる。ほら、草むらでバッタを探すとき、一匹見つけると次々見つかるじゃないですか。目の焦点がバッタのレイヤーにそろうというか。それと似た感じで、子どもの目の輝きが見えるようになります。それが、森の教室に大人が参加する醍醐味だと僕は思います。

宮本　それで期待してたのとぜんぜん違うと思ったら、一回で来なくなるでしょうね。

おおた　「わざわざお金払って檜原村の山奥まで行って、五時間かけて石を割るだけだった」って、ぼったくられたと思われてもおかしくない（笑）。

井本　でもその子は、毎回来たいと言ってます。テーマパークに行くよりもはるかに価値があるんですよね、そういう時間のほうが。いや、たしかに言われるんです。「お高いですよね」って。でも中学受験塾には年間一〇〇万円とか支払うわけでしょ。受験とか、結果が出るものに対してはお金を払うけど、楽しいだけの時間にお金を払うのはもったいないという価値観があるわけです。だから、子どもが楽しく通えば通うほどイライラするみたいなひとはいますよ。そういうひとは結局入ってきませんけどね。

宮本　この質問の前提に、勉強はつらいけれど我慢してやるもんだという思い込みがあるのかもしれないですね。その点、私のパズルには子どもは没頭するじゃないですか。「こんなに楽しそうにやっているのは勉強じゃない。〇〇式とか〇〇〇計算のほうが嫌がるから、そっちが本当の勉強だ！」って言われかねない。

おおた　「苦しくなければ勉強じゃない！」みたいな（笑）。だとすると、この相談者のお子さんがどこかで夢中でダンゴムシを集めていたとしても、それがこの親御さんの目には集中しているとかやる気を出してるというふうには映っていない可能性がありますね。「やる気スイッチ」って、これまた子どもをいじりたい大人が大好きなキーワードも出てきましたけど。

宮本　外から触るな！　考えてみてください。子どもを自由にコントロールできる機械ができたらほしいですか？　「起きろ」というレバーを押すと起きる。「ごはん食べろ」「おかわりしろ」「にんじんも食べろ」「歯を磨け」「行ってこい」「寄り道せずに帰ってこい」「これとこれをいついつまでに勉強しろ」「筑駒入れ！」。ぜんぶ叶う。勉強だけでも飽き足らなくなって、「野球部入れ」「エースになれ」「三振とれ」「甲子園で優勝しろ」って言って優勝する。「理Ⅲ（東大医学部）行け」「研究しろ」「ノーベル賞とれ〜」……。死ぬ間際にお母さんが「お母さん、楽しかったわ〜。もうこれからあなた自由に生きていいからね」ってコントローラーを渡され、どうしていいかわかんない。そのうちコントローラーを悪いやつに奪われて、「やきそばパン万引きしてこい」と言われて万引きする。鉄人28号と同じです。「敵にわたすな、大事なリモコン」。リモコン奪われたら、敵のロボットになっちゃう。同じじゃないですか！　そんなリモコンほしいですかって考えてみればいい。

おおた　そのリモコンの喩《たと》え、これからあとのぜんぶの相談の答えになっちゃってる気がします（笑）。こういう相談に対して、「こうやったらやる気スイッチが入りますよ」みたいに子どもをコントロールする方法を良かれと思ってアドバイスしちゃう無責任な企画も巷には溢れています。まさに足し算の発想です。それに慣れちゃうと、「起きろ」から「ノーベル賞とれ〜」までぜんぶの過程で答えを聞きたくなっちゃって思考停止に陥ります。結局親自身がメディアに自分のリモコン渡してるって状態です。それでは親も子どもも不幸になります。それに対して、おふたりの場合は、自分が不安から逃れるために子どもをコントロールしたくなる欲求をどう手なずけるかという話になるのだと思います。

井本 目の前に置かれた問いに対して子どもたちはああでもない、こうでもないってやります。それを見て、「あぁ、そういうことやってんのか」とか「なるほど、そういう考え方ね」とか「こういうふうに間違えるのね」とか「そっか、むしろこっちのほうが楽しいんだ」とか、そこをいもいもでは拾うんです。

たぶん子どもって、結果を見られるよりも自分が踏んでるプロセスを見られると安心するんです。それを褒めたりしないでいい。彼らがやっていることをきちんと見てとるだけで九割方完了です。それだけで、子どもはどんどん自分を発揮していきます。それをやる気っていうのかどうかはわかりませんが。

でも、その子なりのプロセスをちゃんと見ててあげることと、頑張りを評価するってことはぜんぜん違います。

おおた　そこをもうちょっと詳しく。

井本　栄光学園の授業だと、僕のところにぜんぶ解答が集まるじゃないですか。そこで僕が見るのは、置かれた問いに対して生徒たちがどう試行錯誤していくのか、どう興味をもっていくのかということ。

だけど、頑張り評価ってポーズ評価なんですよ。表向き、見せかけだけという意味です。「自学ノートが五冊目なんて頑張ったね」とか「この子は提出物をしっかり出すから赤点にはしない」とか、その子がどう学んでるかではなくて、時間をかけてやるとか、量をやったとか、そこを評価しているだけ。子どもは評価されたいので、頑張ることが評価のためのポーズになっちゃうんですよ。

僕は頑張りはいっさい評価しません。頑張って書いた答案レポートでも、論理的破綻があったら〇点をつけます。でも子どもは点数なんてぜんぜん気にしません。その〇点の答案を見た僕が、「こうやって間違えるのか！　これ使える！」って心を動かされて、教材にしているのをわかってるから。点数よりもそのことに価値を見出すから。

おおた　家庭だと「結果については怒らない。やる気を出さないことに怒ってるの！」って言いがちです。でもたいていの場合、「もっと長い時間勉強してほしい。もっと難しい問題をたくさん解いてほしい」と願っているだけです。

井本　そういう親御さんたちは、子どもが踏んでいる具体的なプロセスには興味がないし、わからない。やる気スイッチが入ったっていうのも単に勉強時間やこなした量を評価する頑張り評価でしかないことが多いから、言えば言うほどポーズ促進になりやすいんです。

Q

宿題を嫌がります。宿題しようと言われても言われなくても嫌がります。筆算も漢字も難しいと感じているのか、なかなか取りかかりません。わからないのかと尋ねても機嫌が悪くなります。

A

宿題はやらなくていい。本当に宿題が嫌なら、高校も行かなくていい。

宮本　昔フジテレビの『全力教室』という番組に出たときに、出演者とこんなやりとりをしました。「学習は本能です」と私。「うちの子、ぜんぜん勉強しませんよ」と出演者。「どんな勉強を嫌がりますか？」「宿題です」「宿題はやらなくていいんです」。

司会の加藤浩次さんが「えっ？　先生、いいんですか？　うちの子がこの番組見てるんですよ」って焦ってました。さらに私は言いました。「先生たちはなぜ宿題を出すのでしょう？」」。「もっと勉強してほしいから。授業で足りないところがあるから」と出演者。「授業で理解させることができない。内容に興味をもたせることもできない。つまり宿題をたくさん出す先生は無能なんです！」と私。オンエアを楽しみにしていましたが、ここはぜんぶカットされてました。

うちの教室では宿題は出しませんが、「水曜締め切り問題」というめちゃめちゃ難しい課題があります。やってもやらなくてもいいものです。でもみんな、ものすごく時間をかけて解きます。

おおた 井本さんも宿題は出さずに「おみやげ問題」っていってますよね。

井本 たとえば数学のものすごくできるひとが、問題数をめちゃめちゃ解いたのかといったら絶対にそんなことはありません。何かにとらわれているんでしょうね。たくさんやらせたらできるようになるとか。あるいは、やらせないと不安なのか。そもそも宿題って好きな子、いるのかな？

宮本 いない、いない。宿題っていう言葉が嫌なの。

井本 最近、都心のどこかの学校で、教材がデジタルで出るようになったらしくって、もうかわいそうですよ。間違えたら画面が赤くなるんですって。子どもはやる気なくしますよね。しかも「今日のあなたの進み具合は三〇％です」とか表示されるし、それを先生がぜんぶチェックできちゃう。まさにプロセスを見ずに結果だけを見るということの行き着く先みたいな。

宮本　ケージの中のブロイラーみたいですね。「まだエサ喰ってないのか」って。

おおた　ディストピアですね。自分が子どもの立場だったら、これやられたら嫌だよなって。だって、「今日あなたの書かなきゃいけない原稿のまだ二〇％です」とか表示されたら、追いつめられているときほど「うるせーよ！」って。その時点でもう書けないですよ。てということを、大人は子どもには平気でやっちゃうんですよね。

井本　宿題にしないほうが絶対やるんですけどね。

おおた　「そもそも宿題ってどうなのよ？」って議論がまずあって。おふたりからしてみれば「なくていいじゃん」。だけど、愚かな教育者は宿題を出すことがサービスだと思っちゃってる節があるし、親としては出されたからにはやらせなきゃいけないって思っちゃっているし。

宮本　家畜養成コースから外れるのが怖いんですよ。

おおた　子どもに自分の頭で考えられるようになってほしかったら、まずは「宿題やんなくていいよ」って本気で言えるあなたになりなさいよって話ですね。

井本　てかね、宿題って構造的にウィン・ウィン・ウィンなんですよ。まず親は、「これをやらせればいいのね」ってほっとするじゃないですか。先生からしたら、「うちの学校は家庭学習まで考えてます」みたいなポーズになるんですよ。子どもにとっても、本当はちゃんとやってないんだけど、「とりあえず宿題はやりました。だから僕はちゃんとやってます」みたいなアリバイづくりになる。だからなくならないんです。

宮本　私がいくらやらなくていいと言っても、うちの教室の子たちもやります。やっぱり先生からよく見られたいから。でも宿題を終えるまで何をやっていても一日が憂鬱なの。寝る前になって「あー、宿題やんなきゃー」って。あれがいちばんもったいないんで、「宿題は学校に行く一五分前に慌ててやりなさい」って言ってます。雑でいいんです。見直しも要りません。そうすれば、学校から帰ってきてからの時間を自由に、気持ちよく使えます。

おおた　家で勉強させたくて宿題をたくさん出してほしいという親もいるから、それに応えなきゃいけなくて、あんまり意味ないとわかっていながら宿題を出している先生も多いと思います。親と先生がちゃんとコミュニケーションとれていて、そこをわかってくれている親御さんだという安心感があれば、「うまい具合にやってくれていいですよ」って先生も言いやすいと思います。

でも中学生だと、宿題の提出は高校受験の内申点にものすごく影響します。そこにはどう折り合いをつければいいのでしょうか。

井本　たしかに、やらなくていいといわれても……ですよね。

おおた　ある意味そこは割り切って、意味ないことだとわかっていても儀式としてこれをやらなきゃいけないのが高校受験だと認めるしかないのでしょうか。

そのときだけ一時的に意識的に心を麻痺させて淡々とこなして、だけど野人としての魂は絶対に売らないで、受験がすんだら自分を取り戻すんだって割り切ってできたらいいけれど……。これはあくまでも仮の姿なんだって、なります。

宮本　私はめちゃめちゃ不器用だから、そういうことがもう無理……。私は一三歳のときに、折り合いをつけるのをやめました。

井本　いものの昼の教室に来る子たちもみんなそういうのが嫌だって言ってて、しかもそういう子には優秀な子が多い。

都立高校は実技系の教科は内申点が二倍換算されるから、中三の二学期になると、まったく興味のない実技系の教科でもみんな死んだ目をして「はい」って手を挙げるんですって。子どもにそんなことさせんなよと思って。それを僕は最近「ポーズ社会」って呼んでるんですよ。高校に行かないと決めればそういういらんことをしなくていいんですけどね。でも、だんだんそうなると思いますよ。学校にぜんぶを求めなくなってきているから。

宮本　高等学校卒業程度認定試験（旧・大学入学資格検定）をとって大学に行けばいいですよ。これも広めたい。もう高校行かなくていいんだよって。

おおた　いま求められているメッセージですね。

宮本　わかってもわかんなくてもひたすら考え続けていればなんとかなります。私の場合はZ会だけでなんとかなりました。理解はできていなくても、頭を使ったぶんだけちゃんと学力としては残ります。やってるあいだは不安でしょうがなかったけど、あとになって、これでいいんだと思いました。

おおた　宮本さんは不器用だったかもしれないけれど、逆にその孤独のなかで、そこと向き合う力はすごくあったんですよね。

宮本　あったの。河合隼雄《かわいはやお》という臨床心理学者の文章で、「思春期と深い谷」っていうのがあります。思春期とは、深い谷にかかった吊り橋を渡るようなものだと。前だけを見ればなんのことなく越えられる。でもいったん下を見てしまうと足がすくんで、動けなくなる。落ちてしまうこともあると。でも、無事に渡りきることがいい人生だとは限らないと。

落ちてしまったひと、自ら飛び降りてしまったひと。そこから自力で這《は》い上がったらとてつもなくタフな人間になるって。あ、これ、自分のことだと思いました。一三歳のときと、高校生のときに、吊り橋から飛び降りた。そのときは、将来何になれるか、何にもなれないのか、なんにもわかんなかった。あれはとてもいい経験でしたね。

井本　当時と比べたらいまは大学がそこまで人生に影響する時代じゃないから、本当に無理に適応する必要がないというか。

宮本　中途半端に勉強したってどうせＡＩに乗っ取られるだけなんだから、自分しかできないことをやればいいのにね。まわりが邪魔しなければ、きっとそれが見つかるはず。

Q

低学年のうちに、算数なら計算、国語なら漢字の読み書きなど、**学習習慣をつけさせたかった**のですが、体を動かすことが大好きなのか、「勉強はしたくない！」と言います。

A

学習習慣なんて、下手につけさせようとしなくていい。親が心配すればするほど子どもにとっては他人事になる。

宮本　算数は計算力ではありません。思考力です。計算が好きな子どもは算数が好きにはなりません。世の中に存在する算数の問題の九〇%は易しくてつまらないジャンク問題です。こういうものをたくさん子どもにやらせようとすると、子どもはそのうち嫌いになる。易しくて面白いものをやってると、「お、面白い！　もう一枚！」。気がついたらめちゃめちゃ難しい問題に何時間でも取り組むようになる。

算数という教科は子どもと非常に相性がいいんです。0、1、2、3、4、5、6、7、8、9、+、−、×、÷。これがすべての登場人物。すべての問題がこれらの組み合わせでできています。算数の学力の半分は国語力、読解力なんです。書かれてることをちゃんと理解して、これとこれを組み合わせて、はい、できた。

井本　算数の基礎は計算、国語の基礎は漢字とか、なんでそう思うんだろう？　この子は体を動かして楽しいって思ってるんだから、体を動かしながら数理的ないろんな試行錯誤をしているかもしれないし、数理にはまったく興味がなくてアート的な感性を育んでいるかもしれないし。それがまさに個性です。「これに興味をもたせて、取り組ませて、こんなことをできるようにしたい」なんてそもそもできない。

いちばん基本的なことをやらせたら数学ができるようになるみたいなスモールステップの発想は間違いです。スモールステップって上級者向けなんですよ。たとえば野球選手が、すでに速い球を投げられるんだけど、いろいろ分析して、あとちょっとココとココを意識的に変えればさらに良くなるみたいなときには有効だと思うけど、子どもにそれは無理ですよ。

宮本　子どもはおなかの中にいるときから全力で学習してるから、邪魔しなければ自然な学習は壊れません。やらせようとするから嫌がるんです。食事と同じ。おなかが空けば勝手に食べるから、食べたくなるようなものを置いておけばいい。「食え、こっちも食え」って言われたら食事が楽しくなくなります。学習は本能です。これがすべて。

井本　存分に自分のままでいられれば、必要なことはするんですよ。学習習慣をつけさせようってことに、みんな取り憑《つ》かれたみたいになってますよね。

おおた　「結果につながらなくていいから、時間が来たら机に座って。それだけでいいから」みたいな。机に座ったら、こんどは「やる気がない」とか必ず言われますけどね。

井本　これもポーズですよね。「ポーズでもいいからやって」みたいな。本当に毒されてると思いますね。

たとえば政治でもなんでも、本心ではないとわかっていてもポーズをとればよしとされるし、逆にポーズをとらないと許せないみたいな。呪いをかけられたように。本質的なところよりも、表面的なところで要求し合う世の中になってますよね。

みんなが「学習習慣」というやつも、時間が来たらとりあえず机に向かうみたいなポーズを求めているわけですよね。これも大きくなってからの話だと思うんですよ。たとえば何かの資格を取りたいと思ったとき。「やべぇ。俺、決めないと勉強しねえや。じゃ、絶対にこの時間に勉強しよう」って、まず自分に目的があってそのための習慣をつけようとする思いがあってできること。そもそも子どもはいまを生きてるんだから、習慣っていう考え方自体がなじみません。

おおた　世の中一般にいわれる学習習慣って、それをしなくちゃ気持ち悪くてしょうがないという強迫観念として勉強を生活の中に刷り込むという意味かもしれないですね。内発的に学びたくなることとは相反するパターンを子どもの体に染み込ませる。時間が来ると机に向かって、心を麻痺させて積まれた課題をやる。たしかに扱いやすい労働者にはなってくれそうですけれど、それは本当に呪いかもしれないですね。でも、学習習慣をつけましょうって、教育のプロもみんな言いますよね。

井本　プロが言うこととは思えないんだよな。たとえば教員やりながら、子どもってこんなときにこんな一生懸命考えていたんだとか、感動することってあるじゃないですか。いままでも見ていたはずなのにぜんぜん気づけていなかったって気づくことがあります。その瞬間、僕の中の思い込みを一つポンって引っこ抜いてもらったような気分になります。そういう目で子どもを見てれば、子どもをいじろうなんて思わないと思うんですよね。

宮本　今年のうちの卒業生の一人は、小四の終わりまで週に一回のうちの教室だけ。ほかはスケジュール真っ白。毎日好きなことをやって、本を読むこと、調べることは大好きなんで、それがすべて学習になってました。模試を受けたらすごい成績をとるから、四教科必修の某大手塾の教室長と直談判して理社だけ受けさせてもらっていました。栄東《さかえひがし》の東大選抜をものすごくいい成績で合格。そのあとちょっとふぬけて、うちの授業で二番手の子にコテンパンにやられて、奮起して、開成、筑駒、合格。筑駒行きました。この子のパターンはいい受験でしたね。

おおた　あえて相談者の代弁をすると、「いやいや、うちね、もうずっと待ってるんですけど、いっこうにやろうとしないんですけど……」という気持ちなんだと思うんです。

宮本　それを察知された時点でもう負けなんです。

おおた　「待ってる」と言いながら、「やってほしい、早くやってほしい……」という気配が体中の毛穴から溢れ出ているのを察知されているということですね。

宮本　信用してないから不安になります。親から心配されると、子どもは自分が信用されていないことに気づくから、嫌になります。しかも、親が先回りして心配していたら、子どもはずっと他人事だと思います。いつまでも自分のこととしてとらえない。

Q

中学受験を見据えて家庭学習を始めていますが、勉強そのものはそれほど好きではなさそう。**受験には向いていない子なのかもしれない**と考え中。

A

日本の受験システムに適応させようと思わなくていい。中学受験塾に入るための準備も、本人が乗り気じゃないなら無理にやらせないほうがいい。

おおた　「受験に向いてる子」ってよく言いますけど、日本の受験システムに向いているのは、要は自分の頭で考えず、与えられたままガシガシできちゃう子ですよね。その与えられたものに本当に意味があるのかみたいなことは考えない思考停止能力が求められる。

井本　それは本当にいえると思う。

宮本　それが通用するのは大学入試までで、次に何すればいいのかわからなくなりますよね。

おおた　でも大企業に入ると、そのままもうしばらくは行けちゃうんですよ。上司に言われたことだけやって。僕はフリーランスだから、いろんな会社の人と仕事しますけど、大きな出版社とか新聞社のひとほど「これ、なんで?」と聞くと、「上司に言われただけなんでわかりません」って答えますよ。それも僕より年上のひとが言うんですよ。

同じような会社によくいるのが、叱られるまで動かないひと。せっかく原稿を早めに渡しているのに放っておかれて、忙しいんだろうなと思ってこっちも優しく構えているといつまでたっても動かない。「どうなってんの？」と確認しても動かない。僕のことを優しいひとだと思っているから。「いい加減にしなさいよ！」ってちょっと厳しい口調で伝えると「はい！」ってすぐ動く。たぶん子どものころ、叱られて勉強をする、叱られるまで勉強しないというパターンを身につけてしまったひとたちなんだろうなと思って見てます。

宮本　もう通用しないです、そんなひと。

小学校受験で勉強嫌いになりましたって子がうちに来ました。でも初日から順応してて、その子は勉強嫌いじゃないってわかりました。そこからずっと伸び続けました。だから、やらされるのが嫌なだけなんです。算数が生まれつき嫌いな子なんていません。

井本　宮本さんは「手取り足取りできるようにする」みたいなことはしないんだけど、受験でも結果を出しているという希有《けう》な存在ですよね。

宮本　私の授業時間の九割は沈黙です。子どもたちは自分で自分の頭を整えてます。いっさい構わない。好きなようにしていいから。そうすると、ぜんぜんできない子たちもつられて考えてるじゃないですか。算数に興味がない子もいるんですよ。でもここに来るとつられてやり始めて夢中になる。誰かがぜんぶ解けたら終わり。

おおた　静寂の中に精神の自由みたいなものがありますよね。宮本さん、「マル」か「ボツ」しか言ってませんでした。本当に徹底的に無駄を省いて引き算されてる。

宮本　そうね。あれ以上そぎ落としようがないね。でもみんな晴れやかな顔して帰っていくでしょ。その結果、その子に合ったところに行ければいいんです。

おおた　晴れやかな顔のまま入試本番まで行って、受かったところに進めばいいと。私もそう思います。せっかくなので、中学受験する意味みたいなことにも触れておきたいんですけれど。

宮本　たいして賢いわけじゃないのに権威主義的に子どもを従わせようとする先生から逃れるには、中学受験をしたほうがいい。

おおた　私立中学にそういう先生がぜんぜんいないってわけじゃないし、公立中学がそんな先生だらけではないけれど。

宮本　内申点に煩わされなくていい。

おおた　たしかにいまの中学受験は過熱気味で、当然「ひどいよね」って話になるのだけど、じゃあ高校受験だったらいいのかよっていったら、そっちもたいがいな状況なわけで。

宮本　中学入試の問題は本当に面白いです。

井本　中学入試の本当に難しい問題って、パターンに当てはめても解けません。だけど高校受験も大学受験も、「傾向と対策」で本当にできちゃうんです。

おおた　中学受験をすることにはそういう意味があるとしたときに、「何かしら準備しておいたほうがいいんだよね？」というのが相談者の気持ちだと思うんですが、では親としては子どもをどうやって中学受験と出会わせていけばいいんでしょうかね。

宮本　生きてるだけで勉強じゃないですか。小一から最難関校向けの中学受験塾に送り込んでそのレベルでずっと行けば受かるかもしれないけど、負担が半端じゃない。

おおた　小一から最難関校向けの中学受験塾に通ってそのままスムーズにいって、万々歳の結果でしたってご家庭にまだ僕は一回も会ったことがないんです。

宮本　今年の卒業生が初めて小一クラスをつくった一期生でした。初日から六年間最後までいたのは二人。一人はさっきのめちゃめちゃできる子で、もう一人は完全に野人。勉強系の習い事はうちの教室だけ。あとは絵画・工作などいろいろやってて、中学受験するかどうかもわかりませんでした。小六の夏休みにいきなりSAPIX入ったら、「なんでそんなに算数できるの？」って。雙葉《ふたば》と筑波大附属に受かって。これもいい受験でしたね。夕飯は毎日家で食べられたって言ってました。

おおた　何かやっておくとうまくスタートダッシュは決まるかもしれませんが、そのまま気持ちよく行けるケースだけじゃなく、途中で追いつかれて焦っておかしくなるケースもありますから。乗り気じゃないのに無理にやらせても苦手意識を植え付けるだけですしね。図鑑を読むでも、将棋をするでも、宮本さんのパズルでもいいですけど、本人が楽しんでできることだけをやらせておけば、それがいちばんの準備じゃないでしょうか。

第8章

勉強よりプログラミング?

Q

今後の社会がどのように変わるのかわからないので、子どものどんな能力を伸ばしてやったほうがいいのか、悩みます。学力よりも、むしろパソコンでの動画編集のやり方や、コンピュータの専門知識をいまからつけたほうがいいいんじゃないかという気がしてしまいます。

A

必要なものはすでに子どもに備わっているので、大人があれもこれも与えようとしなくていい。子どもが自分自身でいられれば、自然に必要なものが芽を出して育つ。

井本　そもそも「今後の社会がどのように変わるかわからないので、どうしたらいいか?」って問いの立て方としておかしいでしょ。わからないんだったら先のことを考えてもしょうがないってなるのが論理的な思考でしょ。

おおた　「今後どうなるか心配です」って、古代人が「嵐で家が飛ばされませんか？」「洪水で家族が流されませんか？」って呪術師に相談するような心境ですね。

井本　このひとも苦しいんだろうな。不安で。

おおた　苦しいんですねってことには同情するけど、答えなんてないとわかっている問いにもっともらしく解答を与えちゃうって不誠実だと思うんですよね。いくら善意であったとしても、それはそのひとが「いいひと」って思われたいだけだから。だって自分で成長する機会を奪い、困ったらいつも誰かに答えを教えてもらおうと依存させちゃうから。塾の宿題の答えを写して安心するのと同じです。こういう相談に対しては「何が不安なんですか？」って話を聞いてあげることしかできないと、僕は思ってます。

宮本　どんな社会になっても困らないようにするには、困ったときに常に自分で解決する人間になるしかありません。「こんなパズルができたって社会に出て何の役に立つんだ？」と思われるかもしれません。でもうちの卒業生たちがよく言うのは「先生の授業は大学出てから役に立つ」と。要するに、何も教えてもらえない環境で自分でなんとかするから。

おおた　「役に立つ」の意味合いが違いますよね。職業に直結するようなスキルの習得をいわゆる「お勉強」よりも優先したほうが将来役に立つんじゃないかって質問ですよね。そもそも勉強を、学歴を得るための手段くらいにしか思っていないのかもしれない。「これからは学歴よりも手に職でしょ？」みたいに思っているんでしょうね。おふたりの教室の子どもたちが身につける普遍的な財産みたいなものの存在が見えていないだけかも。

宮本　「役に立つか」っていう発想が役に立たない。

井本　いっぱいいっぱいなんでしょうね。親も学校の先生たちもなんで苦しむかっていったら、子どもが何かが欠けている存在であって、そこに「○○力」とか「□□力」とかを付け足すことでようやく立派になるみたいに思っちゃってるからでしょうね。

おおた　スマホといっしょですよね。「いざというときに役立つように、どんなアプリを入れといたらいいですか？」みたいな。

井本　だけど少なくとも教員として子どもたちと誠実に向き合っていれば、僕らが子どもたちに能力を授けてできるようにしてあげてるんじゃなくて、子どもたちが無防備に自分をさらけ出してああでもないこうでもないってやることで、その子に必要なものが引き出されていくのがわかるはずです。必要なものはもともと備わってる。

宮本　内側からにじみ出たものしか有効にはなりません。

おおた　たくさんの子どもたちを見てるからわかることで、親として一人、二人の子どもを見ているだけでは気づきにくいのかもしれませんね。でも行動遺伝学の先生も同じことを言っていましたよ。それぞれの子どもがそれぞれの遺伝的な特性をもっていて、その特性を活かす行動を自然にとるようにできているって。

井本　表情が生き生きしてるとか、落ち着いているとか、わくわくしてるとかってぜんぶ同じことで、自分自身であるってことですよね。自分自身でいられれば、自然に必要なものが芽を出して育ちます。だから、ありのままを存分に発揮させてあげようと思うか、足りないものを付け足してあげようと思うか、その違いが大きな違いですよね。

それにこれ、与えたら身につくと思ってる時点で、非常に〝学校的〟な発想ですよね。算数の問題の解き方を教えて、答えが出せて、正解しました、と。「与える」ことで「成果を出した」ことになるんです。だって覚えればできるし、まじめにやらせればできちゃうわけだから。それに慣れちゃうと、成果の出やすいものを優先してやらせるようになります。それが教育だと思われちゃうと、本当に浅いところしか見えなくなる。

おおた　それがいわゆる主要教科と副教科を区別しているんですよね。教えたことがすぐに点数に結びつくかどうか。テストで客観的に成果を測定しやすいかどうか。音楽とか体育とか技術・家庭科とかは評価しにくいから副教科。

井本　自分なりに悩んだり、素直に自分に向き合ったりしながら試行錯誤するのって、評価できないから、大事にされない。本当はそこがいちばん大事なのに。行政も、教育の成果として客観的に測定できる変化を求めるじゃないですか。

おおた　エビデンスにもとづいた教育政策決定をしようと訴えているひとたちがいますし、いま人気の考え方です。たしかに目的がハッキリしている場面で「どっちの教材が目的に対して有効？」みたいな部分的な決定にはデータを使えばいいと思いますけど、大きな教育政策の方向付けなんて、データでできるわけがない。だって教育の成果なんて数値化しようがないから。そんなことをしたら、ますます数値化しやすい価値にばっかり教育が吸い寄せられてしまい、どんどん子どもたちの実存がおきざりになります。

宮本　西洋医学と似てますね。触診しないで、患者の顔すら見ないで、高額な機械に放り込んで出てきた数字で処方する病院もあるってよく聞きますね。

井本　講演会で子どものありのままを認めることの意味を話しても、結局「ありのままを認めれば思考力が上がるのね！」みたいに思われちゃうのはありがちで。しかもそこでの思考力は単純にテストで難しい問題が解けるようになるという意味で。目に見える成果に結びつけないと意味を見出せない病って、結構深刻だと思うんですよ。

宮本　私の教室では、解けなくても面白いって言う子がたくさんいます。子どもは本質を見抜くから、たとえできなくてもここにいるだけで自分が良くなっていくという予感を抱くんだと思います。

おおた　大人は、できるか・できないかで考えちゃうけど、子どもにとっては、できるか・

できないかよりも、面白いかどうか。極論、できないままでも、面白ければいい。

宮本　そうそう。その場でなんでもかんでも片付けようとするのは間違いです。

Q

タブレット学習が取り入れられ、下校後、家でクラスの友達とチャットをすることがありますが、チャット上で喧嘩《けんか》になってしまうことが日常茶飯事です。**オンラインでのコミュニケーションをどう学ぶか**、どう教えればいいのか悩んでいます。

A

教えようとしなくていい。まずは大人が学び、いっしょに考えるしかない。ただし、依存には要注意。

おおた　昔なら、仲間はずれがあったり、喧嘩したりしても、「そんなこともあるよね」って思いながら「仲間はずれはダメだよね」とか「叩いちゃダメでしょ」とか言ってればよかったけど、いまは「ＬＩＮＥグループ外された」とか、親が経験したことのないトラブルを子どもたちが経験しているから。自分の子どものころの経験を活かせない。

井本　子ども時代からタブレットやスマホをもつことで子どもがどうなるのかってまだわからないし、判断できないから聞いているんだろうけど、たぶん試行錯誤するしかないし、それによって将来困らないようにって考えたって無理ですよ。もたせないってことはできないってことですものね、このひとは。

おおた　昔、灘の先生がおっしゃっていて、なるほどなと思ったのは、こういうことが事件になってニュースになったときに、「あなたも気をつけなさいよ」というのは「あなたを信用していない」というメッセージになっちゃうからダメだと。「どうしてこういうことになっちゃうんだろうね？」と聞いてあげると自分で考えるきっかけになると。

井本　僕はデジタルツールに関しては、コミュニケーション云々《うんぬん》よりも依存が怖いなと思っていて。僕も含めて全員依存なんですよ。画面を見たくなる。すごく少ないタイムラグで報酬を得られる快感が危険なんです。

宮本　何が快感なんですか？

おおた　たとえば、井本先生と飲みに行きました。記念撮影をパシャ。それをSNSに投稿すると、数分後には「いいね」がつく。

井本　わからないことがあるときも、スマホがあればすぐに答えがわかるじゃないですか。つまりプロセスを経ないで快感を得られるものは依存につながるんです。

おおた　じゃあ、ＡＩが普及したらますます危険ですね。

井本　ＡＩを、自分の代わりに瞬時に答えを出してくれるものとして使うなら、そうでしょうね。

おおた　それとあれですよね。画面をスクロールすればいくらでも情報が出てきて無限に時間が潰せます。電車に乗ってるときに常に何か見てるひとって、「その記事、本当に読みたいの？」って不思議です。芸能人の下世話な話って、気になる気持ちはわかりますけど、赤の他人の身の上話までぜんぶ追ってたらキリがない。人生は有限なのにって思います。

井本　甘いものも、血糖値が上がるという快感を即効で得られるから依存性が高いんです。教育でも、いい先生は誰ですか、いい問題集はどれですか、効率よく成績が伸ばせる方法は……？　すぐに答えをくれるひとに依存します。

おおた　そういう一問一答の企画は、私はすべて断っています。子どものことで悩んでいる親御さんに答えを与えても、結局はそのひとを依存に追い込んで不幸にしてしまうから。そういう企画はやめてくださいってメディアにも言いますけど、やりますよね。「読者は答えを求めているんです！」って。それはアルコール依存症のひとに缶チューハイを渡すようなことなのに。

宮本　中毒にも良い中毒と悪い中毒があります。私の授業はいい中毒。

井本　宮本さんの授業はプロセスを経て快感を得ることだから、依存とは違うんですよ。

宮本　そうか、そうか。

井本　知り合いに依存症専門の精神科医がいて、詳しく教えてもらってるんですけど、いわゆる自己肯定感が低いひとほど依存しやすいといわれているそうです。自己肯定感が低いと負の刺激にものすごく敏感になるから、受けたダメージのぶんだけポジティブな強い刺激を求めるんですね。早く埋め合わせたいから即効性の高いものを求める。

そういう状態の子どもから、たとえばスマホを奪うとどうなるかっていうと、それがその子にとってはものすごくマイナスな刺激なわけだから、ますます即効性の高い、強い刺激を求めるようになっちゃうわけです。それが薬物だったり、甘いものだったり、性的なことだったり、ひとを殴るみたいな過剰なことだったり。

じゃあ専門家がどうするかっていうと、プロセスを踏ませるんですって。甘いものを食べちゃうなら、いきなり食べるんじゃなくて、自分で甘いものをつくって食べるみたいに。

オンラインコミュニケーションは最も依存を生みやすいものの一つらしいです。

おおた　もうだいぶ前から僕は、SNSで誰の投稿に対しても「いいね」はしないと決めています。「いいね」はひとをダメにする麻薬だと思ってるから。ささやかな抵抗です。

井本　タブレット学習そのものにも触れなくていいですか？

おおた　ぜひお願いします。

井本　タブレットを使うかどうかというのも、鉛筆使うかシャーペン使うかみたいな話じゃないですか。なのに巷では、タブレット学習に過度な期待をもっているひとが多い。個別学習ができるとか、アクティブラーニングに使えるとか。

おおた　その子が間違えたところをＡＩが覚えていて、人間がものを忘れるいわゆる忘却曲線の仮説に則って、忘れたころにまた同じ問題を出してくれるみたいなのを個別最適化学習とか呼んでますよね。

宮本　大手予備校の映像授業がそのしくみをだいぶまえから取り入れてますよね。模試を受けてその結果で受けるべき映像授業を指定されて、それで東大に入ったって、何が面白いの？　その次がないですよね。

井本　この問題を解けるようになりなさいというのが最終目的ならそのほうが最短距離なのかもしれませんけど、「じゃあそれで得るものは何？」みたいな話ですよね。学び方も試行錯誤しながら見つけるものなのに、その機会を奪っちゃうんですよ。

おおた　タブレットは最短距離を示してくれそうな感じがするんですよね。

宮本　学習においては、効率を追えば追うほど内容が薄くなります。保護者から、「無駄がなくて効率的な学習方法を教えてください」って面と向かって聞かれたことがあって、内心ものすごくムッとしてしまったことがあります。

井本　それも依存ですよ。プロセスを省きたい。

宮本　失敗や挫折と無縁で、成功としあわせだけの人生はどうすればいいか……。ないよ、そんなもの。

おおた　そしてきっとタブレット学習は、最短距離にすらならないってことが早晩はっきりすると思います。いまは配られたばかりだからはっきりしてないけど。

僕、よく中学校・高校の取材に行くじゃないですか。タブレット端末、持ってます。授業でも使います。先生が面白い問いを投げかけます。それについて自分の考えをタブレット端末に記入してくださいって。なぜ紙じゃなくてタブレットに記入するのかというと、その場でリアルタイムにみんなの書いたものが先生のタブレットに表示されるからです。

でもそうするとどうなるか。問いを投げかけた瞬間から、先生はタブレットの画面を見て、生徒たちのほうを見なくなるんです。それ見てて、「ぎゃー、もったいない!!」って叫びたくなりました。授業のなかでいちばん大事なところを見てないんですよ。だったら紙に書いて集めて、あとで読むほうが一〇〇倍いいと思います。

宮本　私の授業を見て「どうしてプリントにして渡さないのか」というひとがいます。一個一個書くことによって熟読してるんです。とても大事なこと。

井本　ＧＩＧＡスクール構想で一人一台の端末が導入されて、これからはこれを使えばいいんだという方向性になってますけど、それでできることって基本的に知識やスキルの習得というレベルの話でしかないと思うんですよ。一方で、タブレットのメリットをいちばん感じるのは、発達に凸凹がある子です。単純に書くことができない。読めない子もいる。タブレットにキーボードをつければ書くことのストレスから解放されます。劇的に学びが変わった子がいます。

おおた　文字を読むのが苦手な特性をもつひとも、音声読み上げ機能を使うとか。

宮本　私たち共通の教え子に、オーディオブックの会社の起業家がいます。世の中には目から学ぶのが得意なタイプと耳からのほうがいいタイプがいて、目から学ぶタイプのほうが圧倒的に多いそうですが、彼は耳タイプだって言ってました。

おおた　いまでこそオーディオブックという技術が出てきましたけど、歴史上もし活版印刷よりもテープレコーダーが先に発明されていたら、いまごろ耳タイプの人間のほうが多かったかもしれませんよ。眼鏡よりも補聴器をつけているひとのほうが多かったかもしれない。逆にいえばいまの世の中は、目から学ぶタイプの人間に有利にできているということです。

オンラインコミュニケーションに話を戻すと、保護者はデジタルタトゥーを恐れている面もあるでしょうね。実際、いろんな学校でトラブルになってます。これに関しては大人も失敗しますからね。どうやって子どもに教えればいいのか。

宮本　無理でしょう。失敗して痛い目に遭って、もうそのときには手遅れなんだけど、しょうがない。

井本　手遅れも学ぶしかないんだろうな。

おおた　まず大人が学ぶしかないですね。依存しないとか、デジタルタトゥーになるようなものを投稿しないとか、SNSで知らないひととやたらにつながらないとか、SNSや掲示板に無責任な教育情報を書き込まないとか。大人がそんなことをしているのに、子どもだけ正しく使えるわけがない。一昔前までは、知識を身につけなくてもネットを検索すれば事足りるという意見をよく見ましたが、いまは逆で、体系的に知識を身につけていないとネット上の情報の真偽を判断できないって。皮肉ですよね。

Q

小学校生活が始まりました。幼稚園と違い、勉強や宿題や時間の縛りなどに苦戦し、**行きたくないと泣く**ことがあります。

A 我慢させない。ありのままの自分でいられる安心感のなかで心が回復すれば、必ず自ら一歩を踏み出す。

井本　勉強が嫌だとか、やらなきゃいけないことがあるから嫌だって、怠けるような理由で学校に行かない子はいないですよ。本当に息苦しくて行けないんです。

たとえば、最近ではＨＳＰ（ハイリー・センシティブ・パーソン）といわれてますけど、共感性が高すぎて、まわりのひとの感情や気分の変化に過敏で、自分の感情や体調に影響を受けてしまうタイプの子がたくさんいます。ものすごく敏感だから、苦しくてしょうがない。友達の人間関係もそうだし、先生の期待も感じちゃうし。それで行けなくなることが多いですね。あとは多動の子もいます。じっとしているのがきつい。

ずっと我慢して通って、自分は本当にダメなんだみたいな気持ちがいっぱいいっぱいになって、いっぺんポキッと折れちゃうと、外に出るのすら難しくなる。そうなる前に避難させたほうがいい。

マラソンでくたくたになってたら回復するまでしばらく休もうって言ってもらえるけど、心がくたくたでも外からは見えないから、頑張らせようとしちゃうんですね。だけど大事なのはいっぺんそこから離れて、心を回復させることです。
心が回復してきたら、絶対に自分で一歩を踏み出します。それが学校に向かう一歩なのか、別のところを探す一歩なのかはわかりませんが、自分なりの一歩は間違いなく踏み出します。それまでは本当に、ありのままの自分でいられるっていう安心感がすごく大事です。

宮本　行きたくないんだったら学校なんて行かなくていい。子どもは何もしないのがいちばん苦手な生き物だから、そのまま放っておけば、我慢できなくなってそのうち自ら動き出します。
この相談の場合、子どもの話だけ聞いて終わらせるんじゃなくて、真剣に先生に相談してみるべきだと思います。これこれこういうことで困っているんですって。ちゃんと対応してくれる先生もいるはずですから。

Q

外遊びをさせたいが、ボール遊び禁止の公園ばかりで本人も行きたがりません。体を動かせる場所やイベントが知りたいです。

A 子どもの遊びに大人がいちいち口を出さないことが大切。プレーパークや冒険遊び場が近くにあればラッキー。

井本 自由に遊べる場所がほんとにないんですよね。物理的な意味だけじゃなくて、あれもダメ、これもダメになってるから。

おおた お金があれば、いもいもに行けばいいじゃないですか。体を動かせるという意味では、体操教室とか水泳教室とかスポーツチームもありますけど、やっぱりお金がかかるし、自由に遊べるところじゃないですね。山や川までなくていいけど、都会でもせめて公園では自由に遊ばせてあげたいですよね。

宮本 学校の校庭はダメなんですか？

おおた 校庭開放をやっているところはありますね。

井本 仮に学校が使えても、大人にあれしちゃいけない、これしちゃいけないって言われるんだったら、そんなところで遊びたくないってなります。

井本 いもいもの場合、森という環境もさることながら、完全にノースケジュールなのがいいんだと思います。

自然系や野外系で似たような思想のものはたくさんあるんですよ。でもノースケジュールでやるのって、いろんな意味で勇気がないみたいです。要するに、ノースケジュールではお金がとれないと考える。それってたぶん哲学がないから。あと、ノースケジュールにすると大人の数は余計に必要になります。子ども三〜四人に一人の割合で大人を配置しなきゃいけない。そうすると、利益なんて出ない。

おおた 森の教室と似たようなコンセプトで場づくりをしているのが、「プレーパーク」です。「冒険遊び場」って呼び方もあります。プレイワーカーという資格があって、そういうプロが中心になって、空間的な意味での環境づくりだけではなくて、子どもたちを見守る大人たちに、適切な距離感を伝えたりします。だいたい地域のNPOとかが運営しています。場所は、ちょっと広めな公園みたいなところ。わざわざ既製品の遊具とかは置いてなくって、穴掘ってもいいし、廃材で小屋をつくってもいい。子どもだけで自由に遊びなさいって空間です。本当に危ないときだけはフォローするけれど、多少の怪我《け が》や喧嘩は織り込み済みで、基本的に大人は口出ししません。

井本 いもいもに来ている子どもはプレーパークの利用者も多いですね。

おおた そもそも公園がボール遊び禁止だったり大声を出しちゃいけなかったりするのは、一部のクレーマーが役所に苦情を言うからです。それを受けた役所が、自分たちが矢面に立つのが嫌で、ほかの住民との話し合いもなく、一方的に立て看板を設置します。こうして子どもの成長が犠牲になります。どうせ子どもは文句言わないから。本来なら代わりに心ある大人が声を上げなきゃいけない場面ですけど、それもない。要するに大人たちの怠慢です。

宮本　子どもの声がうるさいって言うひとは子どもだったことないのかな……。酔っ払いが宴会やって騒いでいたら怒っていいけど、子どもが楽しくきゃーきゃーやっているんだったらそれはいい環境音でしょ。

おおた　子どもが元気に遊んでいれば、予測不能な形で走り回るし、大声は出すし、怪我はするし、喧嘩もするし。それはすべて健全な成長に必要なこと。たとえば喧嘩だって、武器を持つとか、目潰しとか、噛みつきとかしなければ、昔の大人は止めませんでしたよね。痛い思いをして「これ以上はやめておこう」と体で学んだことと、大人から「暴力はダメ」と口で言われて知識として学んだことではまったく違う。頭でわかったつもりになっているだけじゃ、本当にいざというときに自分の体を制御できません。特に幼児期はまだ体で試行錯誤して学ぶ時期なのに、それをすっ飛ばして、なんでも言葉で頭に詰め込めばいいと思ってしまっているひとが多いのだと思います。

Q

少し内気でビビりなところがあるので、お友達とコミュニケーションがとれているのか心配です。男の子ですがかわいいものが大好きで、女の子とばかり遊んでいるようで気になります。歩くのも喋るのも少しまわりの子より遅かったので、**発達遅滞が心配です。**

A

すべてその子の個性。できないことはさせなくていい。

おおた　ジェンダー的な特性と、発達面での遅れみたいな心配があるのかなと。

宮本　ぜんぶ個性だと思います。早熟なのは必ずしもしあわせではない。早熟で器用だと、小さいころはよく褒められる。でもあるレベルまでいけばやっぱり失敗しながら乗り越えていかないと身につかないものがあるじゃないですか。それができないのは見ていて気の毒です。だから小さいころからちやほやされるのはいけないなって感じますね。

井本　いまは、勉強もできてほしいし、スポーツや芸術もできてほしいし、お友達もちゃんといてほしいというのが親の欲求になっちゃっているんですよね。子どもは確実に親の欲求を察知するので、本当はお友達なんていなくても困らないのに、お友達をつくらないといけないと思って、苦しんでしまったりします。

宮本　でもこの子は女の子のお友達がいるんだからいいでしょ。

おおた　これは間違いなく個性で。かわいいの好きなんだね。女の子と遊ぶほうが好きなんだね。それでおしまいですね。

井本　発達の遅れというのはたぶん身体的なことではなくて、内面的なことですよね。これを心配する親御さんはめちゃめちゃ多いんですよ。もうちょっとコミュニケーションをうまくやれてほしいとか、共感性を身につけてほしいとか。

でも、それも要するに、同じ年齢の子どもたちがいるなかで比較して、うちの子が遅れているのは嫌だという話じゃないですか。そこを心配するとどうなるかというと、できないことをできるようにしたくなります。そうすると、ますますできなくさせるのは確実なんです。苦手なことばっかりやらせれば、子どもは傷ついて、どんどんできなくなります。

じゃあどうするか。最近では合理的配慮っていいますけど、無理をさせないってことです。できないことがあるんだったら、できることをどんどんやらせてあげようということです。そうすることで、その子にとって必要なことは自然に身についてきます。

勉強も同じですよね。できないこと、苦手なこと、遅れていることをできるようにしようと思って無理をさせると、ますますできなくなる。

宮本　『かみさまからのおくりもの』（こぐま社）という絵本があります。すごくいい絵本です。あとがきに、お母さんである著者の体験が綴《つづ》られています。娘の誕生以来、目を細めて成長を見守ってきたのに、幼稚園に行くようになって、よその子と比べるようになって、自分の目がつり上がって、子どもを叱るようになったと。結果は無残で逆効果。子どもを、親や社会の気に入るように変えようとするのは大人の横暴で、子どもの本来もっている個性を壊してはならないのだと、著者は気づきます。いったんそう思えると、子どもがよく泣くのも、ゆっくりなのも、大切なことに見えてきました——。

　九〇〇グラムで生まれてきた生徒がいます。生きてるだけで一〇〇点満点じゃないですか。その子も大きくなって、どんどんいろいろなことができるようになってきました。

おおた　長野の「森のようちえん」にも早産で生まれた子がいました。年齢的にはもうすぐ小学校なんですけど、発達はだいぶゆっくりです。そもそも出産予定日に比べたら一つ上の学年に入れられちゃっているってことなんですよね。しかも身体的障害もある。園長先生が言ってました。「あと二〜三年ここでこのままのんびりさせてあげてから小学校に上がれれば、まわりの子どもたちといっしょに遊んで学べるのに」って。日本の学校システムだと誕生日できっちり学年が区切られちゃいますからね。海外だと自分で入学時期を選べたりします。日本には学年の呪縛があって、そのなかで平均以上なのかということを異常に気にしますよね。

井本　知り合いに、発達支援の専門家がいます。そのひとによれば、いわゆるギフテッドと呼ばれる子どもたちって単に発達の凸凹が激しいんですね。尖《とが》っている部分があるぶん、凹《へこ》んでいるところも大きい。凹んでいるところを無理にもちあげようとするとおかしなことになるそうです。だから単純に、できないことはさせないでいいと思います。

宮本　凹んだところを平らに矯正しようとすると尖ったところも凹みます。

井本　その専門家のかたが言うには、発達の凸凹があるひとが、そのまま認められて育ったときに、世の中を変えるくらいすごいことをするケースが多いと。ビル・ゲイツやスティーブ・ジョブズがそう言われてますよね。

おおた　ここにもいい例が二人いますから（笑）。どちらもまわりの大人に矯正されなかった。

第9章

つい怒鳴って叱ってしまう

Q

勉強でわからないことは私が教えるのですが、理解できてないと**怒鳴ってしまい、泣きながらやる**羽目に。できていないことへのフォローができていませんん。塾へ行くのは断固として嫌がっており、どうやって勉強を進めていけばいいのか悩むばかりです。

A

イライラしたらその場から離れる。勉強は教えなくていい。それでも口出ししたければ、お好きにどうぞ。どうせ完璧に子どもをコントロールなんてできないから。

井本　泣きながら勉強するのはかわいそうですよね。

宮本　このままいくと毒親になっちゃう。

おおた　そういう恐怖がご自身にもあるからこうやって訊《き》いてくれてるんですよね。怒鳴るんじゃなくて、できていないことへのフォローが必要なのにっていう自責の念も書かれていますしね。本当の毒親ならそんなことすら自覚しないでしょうから。

井本 でも、そもそも親が子どもの勉強にかかわってうまくいくことってないですよ。

宮本 だってこういうやり方していたら、うちの教室なら小四の途中で挫折します。親のほうが先に。小五の問題なんて絶対解けないですよ。

井本 子どもの勉強でイライラしたらその場から離れるしかないと思うな。イライラしたら絶対言っちゃうもんね。それを言わないようにするにはどうしたらいいかって、課題設定が間違ってるから。

宮本 うちの面談なら、子どもに話しかけるの禁止って言いますね。

井本 いいものの保護者はめちゃめちゃ肝が据わっているひとが多いですよ。中学で○点とってきても何も言わないって。子ども本人も○点を恥ずかしいと思っていないからクラスメイトに見せて、クラスメイトが「親に叱られないの？」って心配するんだけど、「何も言われないよ」って言うと、「いいな〜」ってみんなに言われるんですって。

おおた いま○点とったって、一生○点しかとれないわけじゃないし。僕たちは職業柄いろんな子どもたちのいろんな成長の仕方を見ているから、○点とろうが失敗しようが、「何が問題なの？」「いいじゃん！」って素直に言えちゃいます。それに、僕らは自分の好きな仕事を好きなようにやって、もちろん失敗もするし、悲しくなることもあるけれど、自分で試行錯誤するしかない。誰かからああしろ、こうしろという指図を受けるわけじゃありません。だけど多くの教育熱心な親御さんは大きな会社組織に属していて、そこで常に自分の能力を査定されて評価されてこの部分が足りませんとか言われて生活しているわけで、どうしたってそういう文化に染まって、そういう価値観で子どもを見ちゃうんだと思うんです。たまたま僕らは日本の企業文化から距離をとれているからいいけれど、たとえば僕だってあのままリクルートに勤めていたら、ぜんぜん違うこと言ってたかもしれない。

宮本　あー、そういうことなのか。私もあのときTAPが分裂しなければやめる理由なんてなかった。とっくに授業から外されて、マネージメント、マーケティングを考えなさいって言われていたかも……。よかった、分裂してくれて。

井本　個人の気質の問題というよりも、不安にさせる要素がたくさんある世の中だってことですよね。

おおた　宮本さんもよく、子育ての不安は親自身の自分に対する不安ですって言ってますよね。

宮本　この世の中に生きていれば、不安になることはいっぱいあるけれど、子どもに対しては「生まれてきてくれてありがとう！」。それだけです。あれができない、これができない、どうでもいいじゃん、そんなの。

おおた　その気持ちを忘れないように、子どもが本当に小さかったころの写真を、家中にペタペタ貼っとくといいかも。イラッとしたときに見ると、「この子がいてくれるだけでしあわせなのに、私、なんて贅沢言ってんだろ？」って思えますよ。

宮本　忘れちゃうんです。

井本　このひと、そういうのを思い出せば、イライラがおさまるのかな？　それとも、「このころはかわいかったな。なんでも言うこと聞いてくれて」とか思わないかな？

宮本　そういうひともたしかにいますね。そういうひとは犬を飼ってるほうがいいですよ。

おおた　強烈な皮肉。犬ならある程度思い通りに調教できるけど、子どもは思い通りには育たないってことですよね。

井本　このひとは、こんなことしてうまくいかないってことはわかっているけどやめられないってことですよね。

おおた　ついガーって叱っちゃったあとに寝顔を見て「ごめんね」って謝るのもあるあるですね。

宮本　起きてるときも謝りなさい。こういうひとは心の便秘です。うんこ溜めすぎ。

おおた　心の便を排出するには？

宮本　私の講演に来てください。強烈なデトックス効果があります。

おおた　受験とか意識するとね、ここをどうしても理解させなきゃどんどんできなくなっていっちゃうという先行き不安があるから、いまここでなんとかしなきゃって強く思ってしまうわけですよね。怒鳴りたくないし、怒鳴っても無意味だってわかっているけど、理解できてないという状態を「放置していいんですか？」というジレンマですよね。

宮本　いいんです。模試の結果なんて本当にどうでもいいんです。家庭では好きなだけダラダラさせてやってください。そしてフル充電の状態で授業に送り出してあげてください。きっと、授業中はバリバリと頭を使うことでしょう。家庭でダラダラさせてもらえない子は授業中にダラダラします。これでは何も身につきません。子どもが正しく成長するにはメリハリのある環境が必要です。ダラダラがあるからバリバリもあるのです。

井本　僕は栄光学園でたくさんの保護者と話すじゃないですか。子どもはみんなあれだけ秀才なのに、それでも親はみんな不安です。だからやっぱり口出しする。でも僕は「好きにしてください」という態度でいました。なぜかっていったら、どうせ隙なく完璧な親をやりきることなんてできないから。「お母さん、隙だらけだから大丈夫ですよ」って言ってました。子どもが反抗期を迎えれば、子どもが自分でその隙を突いて抜け出して自立してくれるから。ガミガミ怒鳴る時期が長引けば長引くほど間違いなく勉強はできなくなるけれど、それもいいじゃない。勉強できないひとは世の中にたくさんいるし。

おおた　勉強ができないままだと困るから怒鳴っちゃうんだけど、怒鳴れば怒鳴るほどますます勉強ができなくなることははっきりしてて、どのみちできないんだったらどっちでもいいじゃん、なんとかなるよ、と。達観ですね。

井本　だけど、ときどき本当に隙のない親御さんがいて、それがいちばん悲惨です。

おおた　ときどき完璧に子どもをコントロールするひとはいますよね。ただ怒鳴りつけて従わせるんじゃなくて、コーチングも心得ていたりして、真綿でくるむようにして思い通りに子どもを操る。開成の先生はそういうのを「カーリング親子」って言ってました。子どもが自分で進んでいるように見えて、実は進む方向を親が誘導しているって。

井本　そうすると子どもがどうなるかっていうと、内弁慶の逆になるんですよ。家では〝いい子〟。てことは、外でバランスとらないと無理。いろいろ問題を起こしちゃう。深刻な場合、刃傷沙汰《にんじょうざた》になります。ひとを傷つけたいわけじゃなくて、衝動的にやらざるを得ない心境になるんだと思います。

宮本　昔、野人なのにカトリックのおしとやかな学校に行った生徒がいました。絶対窮屈な思いをするよなと心配してたんですが、本人は大丈夫。窮屈な場所にいても、自分が居心地いいように、見事に大人を操るんです。受験を終えて親子で訪ねてきたときでも親御さんは「うちでは素直でいい子なんですよ」って本気で言ってる。「面倒くさいから言うことを聞いてるふりをしているだけだよな」って本人に聞いたら「そうだよー」って答えて、お母さんは「えーっ」ってびっくりしてました。あれは面白かった。

逆に猫かわいがりする親がいて、これは本当に子どもが気の毒でした。その子はね、小六になってもおねしょしてました。お母さんと手をつないで寝るんですって。中学受験は本人の行く気のなかった地方の学校にしか受からず、引っ越しました。いつも寝不足でフラフラしてる子もいました。面談のときに母親が「昨日眠そうだったからマムシドリンクを飲ませました」って笑い話のつもりでニコニコ話すの。結局小六の後半でやめちゃったから、そのあとあの子がどうなったかわからないんですけど……。

おおた　親に隙があって、どこかで子ども自身がエスケープしてくれればいいけど。

井本　逃げられないときついっすよ。

おおた　隙がなさそうに見えても、「隙があるから大丈夫ですよ」って言ってあげちゃうことで、隙が広がるってこともあるかもしれないですね。「どんなにお母さんがお子さんにけしかけても、せいぜい勉強ができなくなるだけだから大丈夫」って（笑）。

Q 平日はフルタイムで共働きなので、**育児に関われる時間が限られています。**この環境で子どもにとって親がしてあげられることはどのくらいあるのか。

A **親が手をかけたぶんだけよくなるなんてことはまったくない。何かしてあげようなんて思わなくていい。限られた親子の時間を気持ちよくすごすのが最善。**

宮本　すごくいい例があります。ご両親とも専門職で、生後四カ月からフルで保育園、小学校に上がってからはフルで学童。小一で初めて見たときに「この子、もう自立してるわ」と感心しました。親が何もしなければ子どもは自立するから、それでいい。親が手をかけたぶんだけよくなるってことはまったくありません。

井本　何かしてあげようと思った時点で変なことしちゃうんで。

宮本　『いいこってどんなこ？』（冨山房）という絵本を紹介します。「いいこってどんなこ？」と、ウサギのバニーぼうやが母親に尋ねます。「ぜったい　なかないのが　いいこなの？」「ぼくが　ばかなことばっかり　してると、おかあさん　いやに　なっちゃうよね」「もっと　かわいいこなら　おかあさん、うれしかった？」「ぼくが　どんなこ　だったら　い

ちばん　うれしい？」。母親はにっこり笑って答えます。「バニーはバニーらしくしていてくれるのがいちばんよ。だってお母さんはいまのバニーが大好きなんですもの」。完璧じゃないですか、これ。

おおた　ぜんぶ嘘の作文を書いても喜んでくれた井本さんのお母さんみたいですね。

井本　いまはだいぶ認知症が進んでいるんですけど、以前、母親が「子育て楽しかった」って言ってました。「なんで？」って聞いたら「かわいいから。だってほんとにかわいいんだもん」って。

宮本　私もそう言います。

おおた　子どもを育てるのは、どれだけ時間をかけたか、手をかけたかではなくて、子どもを受け入れる、その心の奥行きってことですね。

宮本　子どもとすごせる時間だって限られているんだから、その短い時間をせめて楽しく気持ちよく親子ですごす。気持ちよい子育て。これが最善です。

井本　うん、うん、うん！

おおた　これ、なんかもう核心。この本の結論ですね。一日二四時間あったって、親子ですごせる時間はそのうちのごく一部。その数時間だって、数年後にはなくなっちゃう。そう考えて、私はサラリーマンをやめました。平日はまったく子どもとすごせない生活をしていましたから、もっと子どもといっしょにいたくて。

宮本　独立して、生活できる目算はあったの？

おおた　ありませんでした。宮本さんはＴＡＰやＳＡＰＩＸを辞めてるし、井本さんは栄光学園辞めてるし、僕は大学も会社も辞めてるし。だからこそ、自分に正直に一生懸命やってるとなんとかなるっていまはもうわかってるじゃないですか。

最初は誰だって怖い。でも目算があれば動こうなんてことを考えてたらいつまでたっても動けない。損得勘定で判断してたら、未来のことなんてわからないから、いまあるものを手放せない。コスパだのタイパだのなんでも損得勘定に還元してしまうその世の中の雰囲気が、大人を不安にさせ、過度に防御的にして、子育てまで窮屈にしている面はあるでしょうね。

家猫と野良猫の違いです。安心・安全・快適な家の中しか知らない家猫からしてみたら、外でどうやって生きていくかなんて想像もつかない。でも外にはそうやって暮らしている猫がたくさんいる。平均寿命は野良猫のほうが短いかもしれないけれど、猫に長生きしたいなんて思想はないし、誰からも束縛されることなく、大きな青空の下で思うがままに生きて一生を終える。その野良猫からしてみたら、「狭い家の中にいて窮屈じゃないの？」って。いちど外の自由を知ってしまったら、家猫に戻れないですよ、猫だって。

宮本さんは「野人と家畜」って言いますけど、僕の言い方だと、「子どもを家猫に育てたいのか、野良猫に育てるのか」ですね。

才能があるから独立できるんだって話もありますが、逆で。組織には属さずに必死で生きていこうとするなかで、失敗はぜんぶ自分のせいだから、それを認めざるを得なくて。失敗を糧にしてわずかな才能の芽がようやく出て、少しずつ伸びていくわけで。僕だって、最初から物が書けると思ってたわけじゃありません。

家で暮らせば家猫だし、外で暮らせば野良猫だし、もともとは同じ猫です。

宮本　家猫になるか野良猫になるのかを猫は自分で選べません。人生を自分で選択できるのは人間だけじゃないですか。食べて、寝て、繁殖する。それしかしないひとは、ひととして生まれた大事な権利をまったく活かせていない。この本を読んで、野人に戻ろうと思えるか、心の便秘をぜんぶ出そうと思えるか、見なかったことにしてしまうか……。

おおた　この本を手に取っている時点で野人度の高いひとが多い気がしますけどね。一日でも長生きすることが正義だとか、お金をいっぱい稼げることが正義だとか、そういういかにも近代合理主義的な思想を刷り込まれると、家猫のほうが良いと判断してしまいがちなんですよね。でもその思想の前提を疑ってみる必要があると思います。動物園のライオンと野生のライオンのどっちになりたいかって話です。

Q

子どもの言うことをどこまで尊重すべきか悩みます。大人としてのアドバイスを拒否されたときの許容範囲が知りたいです。

A

子どもの言いなりになる必要はない。気持ちに寄り添ってあげさえすればいい。アドバイスはしてもいいけれど、受け入れるかどうかは本人次第。

おおた　拒否されたときの許容範囲ってのがかわいいですね。良かれと思ってアドバイスしているのに、「そんなのいらねぇ」って言われたとき。

宮本　ぜんぶ。一〇〇%。だって子どもの人生じゃん。親を振り切るのも親孝行ですね。私、高校をやめるとき、「やめたいんだけど」じゃなくて「やめる」って断言しました。それは大事なことでした。

ただね、親が喜ぶことをしたくないという無意識で自分が望んでもいないことを選択してしまうことが子どもにはあります。毒親に人生を滅茶苦茶にされて事件まで起こしてしまったひとたちに関する本を読んでいるとそういう歪んだパターンが見えてきます。これは非常にまずい。自分らしさを守るために親に反発するならいいけれど、自分らしさを壊してまで親に反発するという。子どもを否定し続けるとそうなります。

井本　親のアドバイスを子どもが拒否してくれたら、それは本来喜ぶべきことですよね。だって、本人は嫌なんでしょ。だったら親の許容範囲云々という話じゃないし。「尊重」って意味もちょっとわからない。子どもの存在そのものを尊重するってことなのか、要望をなんでも叶えてあげちゃうってことなのか。

おおた　そこは重要ですね。「子どもの言うことを否定しないでちゃんと聞いてあげましょう」って言うと、子どものワガママをなんでも叶えちゃうことだと勘違いしちゃうひとはいるから。たとえば子どもが商店街で「あのおもちゃがほしい」。でも買ってあげられない。そういうときに「ダメに決まってるでしょ！」っていきなり否定するんじゃなくて、おもちゃがほしいという気持ちだけには寄り添ってあげる。「ああ、あのおもちゃがほしいんだね。かっこいいね」とか。心底で子どもと同じ気持ちになって、「ほんと、ほしいね。あれ、いいね」って。「どうやったら買えるかな？　いつ買えるかな？」って。そうすると、子どもって安心するから、ぐずったりしないんですよね。大人もそうですよ。思った通りにはならなくても、大事なひとがちゃんと自分の気持ちをわかってくれてると思うだけで、「まあ、いっか」って思えること、たくさんあるじゃないですか。

井本　親子であってもお互いひとりの人間だと考えればいいんだと思うんですよね。やってあげられないことはやってあげられない。「ごめん」。だけど、気持ちに寄り添うことはできるし。ただ、親の心のどこかに、自分が何かをしないとこの子はダメになっちゃうんじゃないかという気持ちがあるとしたら、それは違う。子どもは勝手に育っていきます。親の思い通りには育たないだけです。

僕は聞かれたらアドバイスするスタンスだけど、このひとの場合は聞かれていないのにアドバイスしているってことですかね。失敗しそうなときにアドバイスしたくなるんですかね。

宮本 でも失敗しないと気づけないこともいっぱいあるから。つまずきそうな石をどけてあげちゃうんじゃなくて、転んで立ち上がるまで待つのが親の役割です。

おおた そうそう。そういうふうに思えるまで、親もつい手を出してしまうという失敗を重ねながら学ぶよりほかないんでしょうね。

親としてのロールモデルが近くにいれば楽なんですけどね。子どもが転びそうになるのをあえて見守っていて、実際転んで、「大丈夫！　大丈夫！」って遠くから見てるままで、子どもが自分で立ち上がって膝の土を払ってまた走り出すのを見たら、「あれでいいんだ！」ってわかります。昔はそうやって子育てを学ぶ機会がたくさんあったんだと思うんです。

いろんな子どもがいて、いろんな親がいて、それでもみんなちゃんと育つということを、実感として大人はみんな知っていた。だから親の成長も早かった。宮本さんや井本さんがたくさんの親子を見て学んだように。それが難しくなっているのが、現代社会特有の問題としてあるのかもしれません。

宮本 何かを成し遂げようと思ったら、失敗するなんて当たり前。それを糧にしない限り、前には進めないから。

おおた だけど、やっぱりいまの日本の社会だと、いかに失敗しないかが大事ですからね。大きな成果を上げるよりもノーミスであることのほうが出世には重要。

井本 そうなんですか。

おおた それがいわゆる大企業病の症状の一つで、そうじゃない会社ももちろんあると思いますけどね。子どもに感染させちゃったら、成長に悪影響が出ますよね。

話を戻すと……。さっき井本さんが言ったように、お互いにひとりの人間として、相手を思ってアドバイスをしたら、そのアドバイスに従うかどうかって相手次第じゃないですか。そういう前提なら、アドバイスすること自体は悪くないと思うんです。そのときは「僕はそんなことしないよ」って返事かもしれないけど、そのアドバイスがその子のどこかに残っていて、別のところで活かされるってこともありますしね。

Q **やってはいけないことをひと通りやります。**いけないことだとわかってて
くり返すので、注意に疲れます。

A **注意して矯正しようとしなくていい。やってはいけないことをしてしまったら、親がいっしょに謝ればいい。それも最高の教育の一つ。**

井本 そのまんま僕のことですね。親子でよそのおうちに行って謝るのは恒例行事でした。でも以前、「謝ってばかりで大変だったよね」って母親に話したら、「でも、謝ればひとってたいがいのことは赦《ゆる》してくれるから」って言ってて、すげぇと思って。

教員やってると子どもに怒りを覚えることもあるんですけど、「待てよ。これ、うちの母親なら怒ってないな」って冷静になれました。あとね、子どもたちが弁当を持ってくるじゃないですか。みんな時間をかけてつくられているのがわかる。でも自分は弁当つくってもらって当たり前だと思っていた。生徒たちのお弁当を見て、ものすごく時間差で、母親に感謝の気持ちを抱きました。ことごとくやっちゃいけないことをして、ことごとく注意されていたら、沁《し》みてないですよね。

宮本　面談で、あるお母さんから聞いた話です。
あるとき子どもから電話がかかってきたと。「どうしたの？」って聞いたら、自習室で勉強してて、友達からシャーペンを借りたんだけど壊しちゃって、困って胸のポケットに入れたまま歩いていたら、文房具店に同じものがあったから、交換しちゃったって。そのあとすごく悪いことをしたって気づいて怖くなって、トイレから震えながらお母さんに電話したそうです。
私は「すごくいい機会だから、うやむやにしちゃダメです」とお母さんに言いました。文房具店に電話して店長さんに事情を説明して、直接二人で会いに行きなさいと。きちんとけりをつけないと絶対にダメだから。
後日、実際に親子で行ったら、店長さんが会ってくれて、むしろ絶賛されたと報告がありました。

おおた　子どもは間違ったことをしてしまって、たしかにそれは失敗なのだけど、やっちゃったんだったら逃げないで、正々堂々乗り越えて、それを成長の糧にする。

宮本　親だって恥ずかしいでしょうけれど、そういうときこそ子どものためにいっしょにお詫《わ》びするのが相手への誠意だし、子どもへの誠意でもあると思います。

おおた　親が頭下げてる姿を見るのも、子どもにとっては大切ですね。

井本　たしかに。だからこのひとも、注意をして直そうとしても無理だし疲れるから、いっしょに謝ればいいんだよ。「ごめんなさい」って。

おおた　そこで謝られたほうも、宮本さんの話にあった文房具店の店長さんみたいに、過ちを犯したことを責めるよりも、罪と向き合って正直に謝ることができた勇気を称《たた》えてあげてほしいですよね。そうしたら、子どもも大きく成長できます。それが、学校の先生ではない、一般の大人たちができる教育なんだと思います。

よそ様に迷惑をかけたわけじゃなくて家庭内でのことならば、この親御さんが、いっしょに謝る親の役割とそれを赦して励ます店長さんの役割と、一人二役やればいいってことですかね。一見難しそうだけど、いや、それでいいのかもしれないですね。

井本　昔、祖父が大事にしていた壺《つぼ》を割っちゃったことがあります。祖父はすごく怒ってたんだけど、そこに叔母がいて、「割れたのが陽久の頭じゃなくてよかったね」って言ってくれてその場が収まりました。

宮本　相談者の言う「やってはいけないこと」の内容がすごく気になる。

井本　でもたぶん、子どものやることだから大したことないですよ。だって本当にヤバいことだったら、注意して疲れるとか言ってられないでしょ。

おおた　この子は思ったことをやっちゃうって意味で、野人の素質があるわけだから。この世知辛い世の中で、その素質をどうやって守ってあげるかですね。

井本　この相談者の気持ちもよくわかります。昔と比べて親が子どもに対する責任を一身に負う社会になっていると思うんです。だから公共の場で子どもを叱るのも、人目を気にしたポーズとしてやってること、多いですよね。

おおた　子どもという野人の存在と、社会というものの相性がそもそも悪いんです。野人と社会の間に折り合いをつける役割として親がいて、社会に対しては表向き「すみません」とやっておいて、一方で、野人に対しては「まあまあ、大丈夫だから。謝ればたいていのことは赦してくれるから」ってやっておく。その両面性で、井本さんのお母さんはやっていたわけじゃないですか。それこそ賢い大人だと思います。そこで親が完全に社会の側に立っちゃったら、子どもは孤立しちゃって苦しいですよね。

井本　親って大変だなぁ。

宮本　いや、気持ちいいよ。

終章 子どもを見るということ

目に入れても痛くない

宮本さんと井本さんは「ちゃんと見てれば大丈夫」とくり返します。でも、本書に出てきた表現のなかで、最も「言うは易く、行うは難《かた》し」と感じるのもこの「子どもをよく見る」だと思います。本書の締めくくりとして、「子どもを見る」ということについて、少しだけ補足したいと思います。

この場合の「見る」とは、もちろん単純に視界に入れておけばいいという話ではありません。あらゆる思い込みや価値観を脇に置いて、いま、目の前の、ありのままの子どもを、あるがままに眺めるということです。子どもが世界とどのように向き合って、世界のどこの部分にどのように心を動かして、どのように変化しているかを、流れのなかでとらえるということです。

「目に入れても痛くない」って慣用句は、本来そういう意味だと思うんです。

どんなにやんちゃでも、弱虫でも、未熟でも、その子なりに必死に世界と向き合っている姿をそのままに見ておもしろがる。それが、目に入れても痛くないほどに子どもをかわいがるということだと思うのです。

たとえば小さな子どもが公園で小さな虫を見つけたとします。すると子どもの目が一瞬輝きます。「なにこれ?」「わーすごい……」「おもしろい!」。目が宝石のように輝くだけでなく、体は子鹿のように躍動し、それでいて、心は僧侶のように落ち着いています。その瞬間を見逃さないでほしいのです。

次の瞬間、子どもは親のほうを必ず見ます。そんなときにスマホの画面をのぞき込んで、どうでもいいSNSに「いいね」なんてしている場合じゃありません。子どもにリアル「いいね」のアイコンタクトを返してあげてほしいのです。

それだけで、子どもは励まされます。

それを一般的には自己肯定感と呼びます。自己肯定感とは、「自分にはこれができる」というような実績ベースの自信とは違います。「やればできる」という自己効力感とも違います。「自分はありのままの自分でいいんだ」というほのかな安心感です。

目の輝きが進むべき道を照らす

家族で焚き火を囲んでいるとき、冬の冷たい海を眺めているとき、職人さんの熟練の技を間近で見ているとき、子どもは同じように目を輝かせ、体を躍動させ、心を落ち着かせます。そういう場面をたくさん見て、アイコンタクトを返していると、どんどんそういう場面に気づけるようになっていきます。子どもを見る親の目が、どんどん良くなっていくのです。

誰でもよその子のことは割とよく「見える」んです。わが子を最初から「見える」ひとはごく一部かもしれませんが、場数を踏めば、誰でも「見える」ようになります。

そうしたら、たとえば学校でお友達とトラブって落ち込んだり、習い事に飽きが生じてやる気が薄れたり、中学受験勉強の負荷が大きすぎて疲れたりして目の輝きが失われたときにもすぐに気づけます。

あるいは何かの決断をしなければいけないとき、どれを選べばいいのかを、子どもの目の輝きで判断することが可能になります。たとえば中学受験で志望校を選ぶとき。「学校のどんな部分を見たらいいですか？」とよく聞かれます。私はよく「学校を見るんじゃなくて、お子さんの目の輝きを見てください」と答えます。

子どもが自分の進むべき正しい方向を向いているとき、自然に目がきらりと光ります。金属探知機みたいなものです。部活のこと、友達のこと、読んだ本のこと、将来のこと……。子どもがきらきらと目を輝かせながら何かを語っているとき、その方向にその子の進むべき道があります。そっと、ほとんど気づかれないくらいにそっと、背中を押してあげましょう。

要するに、宮本さんや井本さんがやっていることも、そういうことなのです。そういう場面が愛おしくて、私は教育の現場を訪ね歩いているのだと思います。そういう場面にたくさん出会えるのが、私にとっての「いい教育」です。私にとって「いい先生」とは子どもたちのことをよく見ている先生です。教え方がうまいとか、クラスをまとめるのがうまいとか、そんなことはどうでもいいんです。「いい親御さんだなあ」と思うのも同じです。「目に入れても痛くない」と本気で思っている親御さんです。

そういうひとたちは、子どもという存在をまるごと目に入れているとき、痛がるどころか、にこにこしています。彼らもまた、目を輝かせ、体を躍動させ、心が落ち着いています。深く、深く、自分の核のような部分でしあわせを感じています。いままさに自分が生きていると感じられる手応えといってもいいかもしれません。

子どもたちがもともともっているたくましい力を信じて、それが勝手に伸びていくのをただおもしろがって、にこにこしながら見守ろうというのが、要するに本書のメッセージです。その「にこにこ」が、子どもたちにとっての太陽です。すべての力の源です。お日様に向かって草木がぐんぐん伸びるように、子どもの無限の可能性がぐんぐん伸びていきます。

あれ？　親ってやっぱり無力じゃないですね。

「寂しさ」は立派な親だけが得られる宝物

では最後に、宮本さんと井本さんからもひとことずついただきましょう。まずは宮本さんから。

＊

「ハーメルンの笛吹き男って、子どもたちを連れて行っちゃう悪いヤツじゃなかったっけ？」と思い、図書館で絵本を借りて読んでみると……やっぱり悪いヤツでした！

「俺は悪いヤツか？」

私の授業に順応すると子どもの自立、成長、親離れが急速に進みます。そして、親が寂しい思いをすることが増えるかもしれません。子どもの自立や成長と、親が寂しい思いをしないことのどちらが大事でしょうか？　もちろん、前者です。後者を優先する親が毒親になるのでしょう。

私の自立、成長、親離れは一三歳から急速に進み、一九歳で実家を出てから両親と顔を合わせることがほとんどなくなり、さぞかし寂しい思いをさせたことでしょう。でも、後悔も反省もしていません。親に寂しい思いをさせないことより、自分の人生を前に進めることのほうが遥《はる》かに重要ですから。両親も同じ考えなので、私を黙って見守ることができたのだと思います。いまは会えるときには会いに行き、いつも同じことを感じます。

「お父さん、お母さんの子どもで本当によかった！　産んでくれて、大事に育ててくれてありがとう！」

私も四〇年後、娘にそんなふうに思われたいです。九七歳の母と八八歳の父は、多くの親切な方々のお世話になりながら、ふたりで穏やかな老後をすごしています。

子どもは「変わる」のではなく「戻る」

お次は井本さんにバトンを渡します。

＊

いもいもに通っていたある小四の男の子の話をします。名前は晴《せい》くん。まわりのことを繊細に感じとることができる、とても聡明《そうめい》な子です。颯爽《さっそう》と走り回る姿はもちろん、ただぼーっと立って考えごとをしている姿まで、何から何まで絵になる！　当たり前のように「いまを生きている」子です。

でも、以前の彼はぜんぜん違っていました。まわりのみんながができることが、自分にはできない。自分が感じていること考えていることを、誰にも理解してもらえない……。

小さいながらも一生懸命みんなに加わろうと頑張るけれども、つらくて我慢しきれなくなって爆発してしまい、ますますまわりから理解されなくなる。息苦しくてどうしようもない手詰まりの状況で、いもいもに来ました。小二のときです。

しばらくはみんなの輪には入れず遠くからただその様子をじっと見ているだけでしたが、一カ月、二カ月と通っているうちに、少しずつ少しずつ心を許すようになり、気づけば、誰よりも目をキラキラと輝かせるような子になっていました。

小三の暮れ、お母さんからこんな連絡をいただきました。

彼のカバンから、近所のフリースクールで出された課題のプリントが見つかったのです。

「今年一年を漢字一字で表すとしたら、どんな字を選びますか？」

解答欄には「晴」と書かれ、先生からは「どういう意味？」と赤字で問いかけが添えられていました。お母さんも「これ、どういう意味?」と尋ねると、彼はこう答えました。

「オレ！　二〇二三年はオレだった！　晴《せい》だった！」

子どもにとって、「自分が自分である」ことがどれほど大きいことか。生きていくうえで、これ以外に必要なものなんてあるだろうか?

いもいもに来て激変したように見えるけれども、「本当の彼」は、来るまえからいままで、何も変わっていないんです。ただ「自分」に戻っただけなんですね。

子どもを変えようとするのではなく、子どもを見る自分の心を変える。これを肝に銘じて、子どもたちと向き合っていこうと思います。

＊

すべての子どものしあわせを願う

僭越《せんえつ》ながら、アンカーはおおたです。

子どもが自ら考えだし、その子の魅力が引き出される、引き算の子育てを論じてきました。ただし、わが子がどんなに優秀でも、一人では生きていけません。社会が殺伐としていたら、しあわせを感じられません。わが子のしあわせを願うなら、よその子たちのしあわせも願うべきです。

よその子たちは、わが子とともに社会をつくるチームメイトです。よその子たちが優秀なら、未来の社会が豊かになって、わが子がしあわせになれる確率も高まります。すべての子どもたちのしあわせを願い、大人としてできることをしていくことが、わが子をしあわせにする最善の策ではないかと私は思っています。

わが子の教育について考えるとき、「うちの子はこれでいいけれど、よその子もしあわせになれるかな?」という視点を常にもっておくと、わが子の教育についても過ちを犯しにくくなると思います。

すべての子どもたちがよく見てもらえる社会になることを、宮本さん、井本さんとともに願います。書きたいことは尽きませんが、ごっそり引き算して筆を擱《お》きます。

二〇二五年一月　おおたとしまさ

本書の第1章から第3章は、二〇二二年七月一三日に「花まる子育てカレッジ」で行われた二人の対談イベントの発言録をもとに構成しています。第6章は、二〇一九年五月一四日に講談社「FRaU Edu」で公開された「教育虐待の『見えない牢獄』から生還した若き物理学者の半生」という記事を再構成して転載しています。第7章から第9章では、二〇二一年の「Gakken家庭学習応援プロジェクト」の中で、年長・小学校低学年のお子さんを持つ保護者二三三人から募集した困りごとをQとして掲載しています。

【STAFF】
図版・DTP・ブックデザイン　佐藤純（アスラン編集スタジオ）
装丁デザイン　三木俊一（文京図案室）
校正　渡辺泰葉、久保はんな、阿部薫、佐々木花朋

宮本哲也（みやもと・てつや）

算数講師。「宮本算数教室」主宰。学生時代に塾業界に足を踏み入れ、大手進学塾講師を経て1993年に宮本算数教室を横浜に設立。無試験先着順の入室にもかかわらず、卒業生の80％は首都圏トップ校に進学した。その後、NYマンハッタンの教室移転等を経て、現在は東京都千代田区にて、小1から小6を対象に授業を行っている。著書は『賢くなるパズル』（Gakken）、『算数と国語を同時に伸ばすパズル』（小学館）、『強育論』（ディスカヴァー・トゥエンティワン）など多数。「情熱大陸」（MBS）、「THE名門校」（BSテレビ東京）、「世界一受けたい授業」（日本テレビ）など多くのテレビ番組にも出演している。

井本陽久（いもと・はるひさ）

数学教員。私塾「いもいも」主宰。大学卒業後、母校でもある私立栄光学園中学校・高等学校の数学教師になる。20年以上前から思考力を重視するアクティブラーニング型の授業に取り組み、最難関大学合格者のみならず、数学オリンピック上位入賞者を多数輩出している。2016年、いもいもを設立。現在は小中高生を対象に、「いもいも思考力教室」「数理思考力教室」「森の教室」など、数学の枠にとらわれない教育を展開している。その独自の授業スタイルや教育観はおおたとしまさの著書『いま、ここで輝く。』（エッセンシャル出版）に著され、「プロフェッショナル　仕事の流儀」（NHK）でも特集された。

おおたとしまさ

教育ジャーナリスト。リクルートでの雑誌編集を経て独立。数々の育児誌・教育誌の企画・編集に携わる。現在は、幼児教育から中学受験、思春期教育、ジェンダー教育、教育虐待、不登校、教育格差問題まで多岐にわたるテーマで現場取材および執筆活動を行っている。書籍のみならず、新聞から女性誌、各種ウェブメディアまでさまざまなメディアを舞台に、取材成果を発表し、テレビ・ラジオなどへの出演や講演も多数。中高教員免許をもち、小学校教員や心理カウンセラーとしての経験もある。著書は『いま、ここで輝く。』（エッセンシャル出版）、『学校に染まるな！』（ちくまプリマー新書）など80冊以上。

子どもが自ら考えだす
引き算の子育て

2025年２月18日　第１刷発行

著者	宮本哲也
	井本陽久
	おおたとしまさ
発行人	川畑勝
編集人	志村俊幸
編集担当	中村円香
発行所	株式会社Gakken
	〒141-8416
	東京都品川区西五反田2-11-8
印刷所	TOPPAN株式会社

≪この本に関する各種お問い合わせ先≫
●本の内容については、下記サイトのお問い合わせフォームよりお願いします。
https://www.corp-gakken.co.jp/contact/
●在庫については ☎ 03-6431-1199（販売部）
●不良品（落丁、乱丁）については ☎ 0570-000577
学研業務センター　〒354-0045　埼玉県入間郡三芳町上富279-1
●上記以外のお問い合わせは ☎ 0570-056-710（学研グループ総合案内）